现代高校体育教学改革与
科学化训练研究

刘媛婷◎著

中国原子能出版社

图书在版编目（CIP）数据

现代高校体育教学改革与科学化训练研究 / 刘媛婷
著. --北京：中国原子能出版社，2023.6
　ISBN 978-7-5221-2795-8

　Ⅰ.①现…　Ⅱ.①刘…　Ⅲ.①体育教学–教学改革–
研究－高等学校　Ⅳ.①G807.4

　中国国家版本馆 CIP 数据核字（2023）第 119607 号

现代高校体育教学改革与科学化训练研究

出版发行	中国原子能出版社（北京市海淀区阜成路 43 号　　100048）
责任编辑	杨晓宇
责任印制	赵　明
印　　刷	北京天恒嘉业印刷有限公司
经　　销	全国新华书店
开　　本	787 mm×1092 mm　1/16
印　　张	11.5
字　　数	200 千字
版　　次	2023 年 6 月第 1 版　2023 年 6 月第 1 次印刷
书　　号	ISBN 978-7-5221-2795-8　　　**定　价　72.00 元**

作者简介

刘媛婷　女，1992 年 8 月出生，河南省郑州市人，毕业于郑州大学，教育学硕士，现任郑州大学体育学院排球教师，国家一级排球运动员。研究方向：体育教育训练学、运动训练理论与实践方法、体育文化学。

前　言

　　无论对于哪一个国家来说，大学生都是社会发展的人才资源，他们很大程度上影响着社会的发展方向与进程。当今时代，社会越来越需要各方面素质普遍提高的综合性人才，而在这些素质里，体育素质尤为重要。

　　"身体是革命的本钱"，体育素质对于大学生的校内学习与毕业后步入社会来说都是发展的必要因素。而就实际情况看，我国高校的体育教育发展近年来虽然取得了部分成效，但与西方发达国家的差距还是十分明显的。

　　为了培养优秀的社会主义建设者与接班人，就要从高校体育教学入手，科学地训练身体各项机能，让大学生具备良好的体育素质。本书将围绕现代高校体育教学改革与科学化训练研究展开论述。

　　本书第一章为现代高校体育教学概述，分别介绍了现代体育教学的原则及目标、现代体育教学的内容及环境、现代体育教学的现状及发展；第二章为现代高校体育课堂教学与管理，分别介绍了现代体育课堂教学概述、现代体育课堂教学组织与管理的具体内容、现代体育课堂教学管理的方法、现代体育课堂教学组织与管理的案例与分析；第三章为现代体育教学思想观念体系的改革与发展研究，分别介绍了我国高校体育教学思想的演变，现代教育理论对体育教学思想发展的影响，现代三大体育教学思想，以及现代体育教学思想的整合、引领与发展；第四章为高校科学化运动训练理论与大学生体质、卫生、营养分析，分别介绍了科学化运动训练的基础与原则、科学化运动训练的要素、体质的含义与测量评价方法、大学生体质健康标准、大学生体育锻炼卫生常识、大学生体育锻炼与营养补充；第五章为科学化训练的运动处方与损伤的预防，分别介绍了体育训练处方的概述和发展、运动处方的应用及注意事项、体育训练中损伤的预防、运动伤害的康复调理。

在撰写本书的过程中，作者得到了许多专家学者的帮助和指导，参考了大量的学术文献，在此表示真诚的感谢！本书内容系统全面，论述条理清晰、深入浅出。限于作者水平，加之时间仓促，本书难免存在疏漏之处，在此，恳请同行专家和读者朋友批评指正！

目　录

第一章　现代高校体育教学概述

本章主要介绍现代高校体育教学概述，主要从三个方面进行了阐述，分别是现代体育教学的原则及目标、现代体育教学的内容及环境、现代体育教学的现状及发展。

第一节　现代体育教学的原则及目标

一、现代高校体育教学原则

（一）重视提高运动技能原则

1. 正确认识提高运动技能在体育教学中的重要意义

掌握运动技能，从某种意义上来说是体育学科"授业"之本，为体育学科"解惑"提供了重要依据和基础，同时也是锻炼学生的身体以及提高体能的关键方法。更重要的是学生对体育锻炼方法的掌握程度，唯有正确认识掌握和提高运动技能在教学中的意义和作用，才能使学生真正成为终身受益者。持续、有效地提升学生运动技能，是体育教学中最根本和基本的要求，不仅是评判和衡量体育教学能否取得高质量成效的尺度，更是考核体育教师教学能力高低的尺度。随着我国教育事业改革的不断深入发展，人们对素质教育的呼声越来越高，这就需要体育教师改变传统的教学方式，注重培养学生的综合素质，从而达到全面提高学生身体素质，促进他们身心健康成长的目的。所以，体育教师应该充分认识和了解运动技能提升对体育教学的重要性，继而注重学生运动技能的提升和增强。

2. 明确运动技能教学的目的，让学生有层次地掌握运动技能

无论是使学生获得运动技能，还是提高学生的技能水平，其目的有别于职业运动员。职业运动员以竞技为目的，学生以健身、娱乐为主要诉求。也正是因为如此，在运动技能传授方面，体育教学应本着"健康第一"、服务于学生终身体育的重要指导思想，要以提高各种不同运动技能为目标，分门别类，层次分明，使学生获得终身体育所需的正确运动技能。

3. 合理编排体育教学内容

在教学过程之中，为了使学生更加有层次、高水平地获得和掌握运动技能，就必须制订一个科学、合理的教学计划。根据不同专业特点、培养目标以及学生对所学知识的理解程度，确定不同类型课程的课时分配方案，一般情况下，在每个年级都应分为精教类、粗教类两大类。将篮球、武术等常见、场地允许的项目作为精教类的体育教学内容，每学年编排 1~2 个项目，每项安排 15~30 课时，每学年共 30 课时。对于学生在今后的人生中可能会碰到、需要一定的基础、在教学条件许可情况下的体育项目，如棒球、轮滑等，可以将其作为粗教类的体育教学内容，每学年度安排 2~3 个项目，每个项目安排 7~10 课时，每学年共 20 课时。将橄榄球、台球等不必要掌握，却需要学生了解或者体验的运动文化或者运动相关的知识作为介绍类的体育教学内容，每学年安排 3~4 个项目，每个项目安排 1~2 课时，每学年共 5 课时。

（二）注重体验运动乐趣原则

1. 要让每个学生都能够不断地获得成功的体验

体育是一项与学生身体条件紧密相关的文化活动，而学生的身高、体重、体能、运动技能水平由于受遗传因素的影响差异很大[①]，有些同学在学习体育的过程当中，容易产生失败感。这需要教师恰当处理和调整教学内容，科学改变教学的方法、组织形式、场地与器材等，使每一位学生都能获得体验成功的机会，感受到运动的乐趣。

---

① 文秘帮. 高校体育教学原则探析［EB/OL］.（2019-07-01）［2023-01-13］. https://www.wenmi.com/article/ptxy4902cj7e.html.

2. 选择趣味性强的体育教学内容

就体育教学内容而言，既有趣味性较强、易体验和感受到乐趣的体育教学内容，又有趣味性较低、不易体验和感受到乐趣的体育教学内容，这两类不同性质的体育教学内容对学生来说均具有重要的意义。如果教师能根据这些特点选择适当的教学方法来组织教学，那么就会收到事半功倍的效果。所以，在体育的教学当中，体育教师要以教学意义和趣味性都较强的体育教学内容为主，如果对这些内容进行淡化或压缩，就会降低教学效果。除此之外，对于教学意义强、趣味性差的必教体育教学内容，需要对其深度发掘，或者额外增加某些有趣的元素，如通过不同的手法和技巧（简化、生活化等），让教学过程充满趣味性。

3. 运用多种有利于学生体验乐趣的体育教学方法

体育教师在教学的过程之中，除了需要强调传授教学的方法，还需要学会灵活运用不同的教学方法，如发现教学法、领会教学法等，从而帮助学生感受锻炼带来的乐趣。

（三）合理安排运动负荷原则

1. 运动负荷的安排要符合学生的身体发展特征

运动负荷是否科学，与学生身体发展状况有着重要的关系。只有掌握了运动负荷与学生身心健康之间的关系，才能真正把握体育教学中的运动负荷规律。所以，为了合理安排运动负荷，体育教师应懂得身体发展的科学原理，对学生身体发展各阶段特点有充分的认识，同时对各运动项目特征有一定的了解。

2. 运动负荷的安排要服从于体育教学目标

合理、科学地安排运动负荷，实际上是为了快速达到掌握技能与锻炼身体的教学目标。体育教师在完成体育教学目标的过程当中，不应忽视运动负荷的决定性作用，更不应忽视各种特殊课型的需求而盲目地追求运动负荷的统一性，避免造成学生身体体育运动负荷过大。

3. 精心设计体育教学内容

体育运动项目及相关身体练习种类繁多，部分运动负荷较大，部分运动负荷较小，所以在教学内容的设计上，体育教师应该综合考虑运动负荷，合理修改体育教材，并且针对不同运动项目要搭配合理、科学的练习方式。

4. 逐步提高学生自我控制运动负荷的能力

在高校体育教学的过程当中，体育教师应强化运动负荷、锻炼原理和运动处方等相关知识，向学生传授一些关于自我判断运动量、调节运动量的知识和常识，以便于学生在自主性锻炼时可以全面掌握其运动量，同时逐渐掌握、学会锻炼的运动技巧以及运动方式。

（四）因材施教原则

1. 深入细致地了解和研究学生

对学生个体差异有深度的认识和了解，是真正贯彻和落实因材施教原则的前提。体育教师在教学的时候要采用不同的教学方法，如问卷调查、课堂观察等方式，详细了解学生在不同方面的个体差异，如身体条件、运行技能等，同时对这些差异进行综合的分析和研究，进而设计出更加个性化，适合学生发展的教学策略。针对学生的个体差异，还必须以发展的眼光看待学生，要经常复查学生的基本情况。

2. 设置类型多样的体育选修课程

开设大量选修课程，是在体育教学中因材施教的最好方法。目前，高校开设选修课存在很多问题，其中一个重要原因就是教师没有根据每个学生自身特点来设计相应的教学内容。每一位学生都是独立存在的个体，在多个方面存在一定的差异性，如身体条件、运动技能等，充分征求不同学生的意见，并且在此基础上开设选修课，可以满足学生个体发展的不同需求，让学生在个性方面得到进一步的发展。

3. 体育教学组织形式多样化

就体育教学而言，"等质分组"是因材施教比较理想的教学组织形式之一。体育教师在教学期间，可以根据学生的体重、身高、年龄层次、性别及身体素质等将学生分成几个小组，实行分层次教学，这样不仅能够充分调动不同层次的学生参加体育锻炼的积极性和主动性，而且还便于及时为运动技能以及身体条件偏差的同学开"小灶"，给予特别的关心和呵护；并针对身体条件与运动技能都比较优秀的学生提出较高的要求，为他们的进一步成长创造有利条件，从而确保所有的学生都能够得到提高，让每一位学生在学习的过程之中感受快乐，获得成功的喜悦感。

（五）安全运动原则

1. 必须设想所有可预测的危险因素

绝大部分在体育教学过程中的危险因素都是能够预测到的。这些可预见危险因素包括由于学生不良的思想态度最终形成的一系列危险因素，如擅自行动、鲁莽行事等问题；由于学生身体条件的差异、活动内容的不同而产生的一系列危险因素，如动作难度大、不了解该运动项目等；由于体育教师教学方法不当而产生的危险因素；由于学生身体状况改变而引起的危险因素，如学生受伤时勉强参加体育锻炼等；由于课时数减少或其他原因所导致的危险因素，如因上课人数少而影响教学任务完成；等等。针对上述可预见危险因素，体育教师课前一定要全面地逐一反思、审视与检查，以便于排除所有可能潜在的危险因素。

2. 要建立运动安全的有关安全制度和配备安全设备

对于某些较危险的项目，应该建立严格的安全制度，对学生潜在危险行为进行及时的约束，如在踢足球的时候禁止穿皮鞋等；对于一些较易产生危险的体育设施，应配备必要的保护装置，并设置警示标志，如在单杠下面摆放较厚的海绵垫等，从而最大限度地避免和减少危险的发生。

3. 时刻对学生进行安全运动的教育

体育教师在教学的时候应该始终坚持贯彻和落实安全运动的原则，和学生之间形成密切且有效的配合，巧妙采用集中教育与分散教育相结合的教学方式，时刻对学生开展安全运动的教育。其中，集中教育主要指的是合理组织学生在专门的时间和地点，对学生讲解保证运动安全的相关知识与关键要领，同时让学生学习和掌握互相帮助、保护的运动技能；分散教育主要指的是体育教师教学的时候，在每一节课学生练习之前都要强调安全事项，让学生绷紧安全这根弦。

二、现代高校体育教学目标

高校体育教学有不同层次的教学目标，如体育教学目标、学习领域目标等。这些目标之间有一定的关联性与差异性，其中有些目标处于相同的层次，有些目标处于不同的层次。对各个目标进行系统梳理，可以发现其相互之间的关联与制约，从而形成完整的理论体系，这对于更好地指导构建体育教学改革框架有着重要意义。在体育教学活动中，可以把体育教学目标作为"第一要素"来认识，上承学校体育和体育课程的目标等，下承单元教学、课堂教学的目标等，继而形成相对一致的目标体系。这些目标之间的关系具有一定的模糊性，所以容易造成一些困惑和混淆，尤其在确立各级体育教学目标的时候，由于在认知方面的偏差，体育教学目标可能产生泛化与淡化等问题。

体育教学在教育系统中占有很大比重，是非常重要的组成部分，教学目标作为教学的起点与终点，既是体育教师从事教学活动时必须遵循的准则，也是教师评价教学效果的重要依据。随着学校体育改革不断深化，在此背景下原有教学目标已经不符合"健康第一"的指导思想要求。目前，我国高校体育教学所制定的教学目标还存在着许多不符合新时期要求的问题，不能满足学生发展的需求。所以，对此加以深入的探讨是十分必要的，并且要制定更符合现今素质教育要求的恰当的体育教学目标。

（一）体育教学各个目标之间的关系

1. 运动知识与技能目标、体能发展目标是体育教学核心目标

第一，运动知识和技能目标由两大部分组成，一种是与身体、运动相关的理论知识，与布卢姆（Bloom）的认知目标相对应；另一种是运动技能，与布卢姆的技能目标相对应，在体育教学当中这两个部分都需要进行学习指导。技能和知识存在一定的关系且十分复杂，由于关于运动理论的认识属于外部认知的知识范畴，因此主要靠学生的外在感官去感知和认识，如透过视觉来感知教师的身体运动影像等，这种认知方式和其他学科之间虽然有着共同的特点与共性，但运动技术传习的过程不能仅停留在这一阶段，还须借助身体之实践操作，使动作之理论知识逐渐内化，从而具备身体之切身经验以及可观察之动作技术，才可以算作获得和掌握真正的运动技能。在高校体育课堂中，由于教学内容以"体"为主，非运动训练内容以人为主，因此体育教师无法对运动理论知识和人体动作规律有充分的把握。也是因为如此，无论是运动知识主体，还是技能目标主体，仍以运动技能目标为主，运动理论知识和身体知识则服务于运动技能的目标，同时不管是运动理论知识的获得，

还是身体知识的掌握，均是在运动技能教学的时候实现的，不用专门在室内开设理论课来讲授。

第二，体能发展目标不仅在体育教学中具有特殊性，更是其特殊目标和核心目标。与布卢姆三维分类教学目标相比，它存在一定的差异性，体育教学有其独到之处，主要表现在身体健康目标上。因为身体健康或者增强体质都与体育活动不存在直接的因果关系，所以当前比较确切和精准的说法，就是要发展和培养学生体能，并且这也符合新修订的体育课程标准。体能目标的达成主要分为两种途径：一是借助运动技术教学之路，身体健康和增强体质虽然都与体育活动不存在直接的因果关系，但是却存在着指向性关系；二是在体育课上贯穿"课课练"之路，在教材内容运动负荷不充分的情况下，可以安排学生进行 5 分钟左右的身体素质练习，从而更好地发展和培养学生的身体素质或者体能。

2. 运动技术具有"手段"与"目标"的双重性，体育教学中的运动技术主要承担"目标"角色

体育教师在教学的时候，必须对运动技术是目标和手段这一似乎充满了矛盾性关系的属性有充分的认识和了解，从不同的层次、领域和方面进行深度的剖析。

从体育教学的微观层面来看，运动技术为"目标"，原因是体育教师在开展教学的过程之中，学生应该由"不会"运动技术，逐渐转变为"学会"运动技术，由此可推断出体育教学的目标就是学生学会和掌握运动的关键技术。

从体育教学的宏观层面来看，运动技术为"手段"，原因是学生在体育教学的过程中，对运动技术有了最基本的掌握和认识，这时他们的主要目标是频繁且灵活地使用运动技术，并且逐渐养成良好的习惯，以达到锻炼身体，实现身心健康发展的最终目标。由此可见，只有将二者联系起来，才能真正理解和把握两者之间的内在规律，所以这里涉及的运动技术应该是体育教学的"目标"功能与作用。

3. 情感目标包含运动参与、心理健康与社会适应目标

站在心理学理论的角度对情感进行深度剖析，能将其分成心理和社会适应两个不同的内容，其中心理还可以分成两部分，即人的心理过程和个性心理特征两个方面，记忆、态度等属于前者的范畴，这一部分主要对应课程标

准中"运动参与"的目标。个性心理和社会适应则能够合为课程标准"心理健康和社会适应"的目标。

（二）制定学校体育教学目标的方法

体育教学目标的确立必须立足于体育本质。通过对不同时期的历史条件、社会条件的深入分析和综合研究，并且分析体育活动对人类发展所起作用的特点以及它所包含的丰富内容，从而确定体育教学目标。在面对体育本质的时候，应该基于"在变化中有本质"的方法进行全面的思考，从现实出发，根据学生发展的需要来确定学校体育目标，将"进步主义"与"本质主义"的教育思想以一种巧妙的方式有机结合起来，简单来说就是既不偏于"本质主义"，即通过主体与环境之间的连接，最终确立教学目标，使之有永恒的绝对价值；也不偏于"进步主义"的主张，也就是要否定可靠性，从主体和环境关联出发，追求教育本质持续性转化。我们应该从"进步主义"角度出发，在变革与转型的过程之中不断追求"本质主义"的精髓与本质，并将其作为重要的理论基础，进而推导出学校体育教学目标动态教育观。此种动态的教育观实际上适应和顺应了生活趋势，它是连续的，学校体育为了科学地指导进步，除了让自己与存活下来的价值观相适应之外，还应预见发展方向，更应该创造出全新的价值观。作为教育中不可分割的一环，它实质上处于不断演变之中，并循序渐进地成长，既有根植于过去的，也有指向未来的。在这一进程中，无论针对哪一个环节，我们所提出的目标无论是什么，都不可将其视为最终结果，其在教学过程中所具有的价值主要在于其所具有的挑战性。在这一发展的进程中，体育教师应该从体育本质出发，对学校体育教学目标有一定的掌握和了解。按照体育独有的内在规律性，将其强身健体的主要地位重点凸显出来，由此使学校体育教学目标得以真正确立，并且在辩证的时候应力求实现合规律性与目的性的有机相统一。

（三）体育在教育中的位置及作用

现如今，伴随着时代的进步以及素质教育改革的不断深入，对于要"育成完善者"的最终目的，人们的认识日益明确和清晰。众所周知，在教学中要以育人为本。教育的目标是发展学生在感性方面的力量，使精神力量在总体上尽可能地趋于和谐与协调。体育作为一门以身体练习为主要手段，并且注重实践能力与审美情趣培养的学科，其教育宗旨是促进个体身心的健康发展。在这样的教育理念下，可以培养学生在求真、立善以及创美的过程中获得全方位的综合发展。因此，体育作为一门重要学科，在实现这一目标方面具有独特作用，体育作为学校实施美育的一个重要途径，更是塑造完美人格的有效途径之一。体育在"育成完善者"过程当中起着怎样的作用？承担着何种角色？

从人与个体发展历史逻辑的角度来看，体育位于五育之首。教育还没有出现教育分化和要素分解时，从实际意义上来说是一个混沌的总体育，系统地将各方面教育包括在内。教育是为了培养人存在的。体育是人类社会最重要的一种文化形态，智、德、美三育主要由体育分化而来。它分解了人类原有的综合发展，促进了人类各个方面的有序发展，智育、德育、美育三个部分都没有脱离体育这一基础。体育教学是一种特殊类型的智力活动。劳动技术教育是发展人们创造性实践能力，使人们在解题时，将自己所学加以综合应用与施展的智慧与能力。劳动技术教育与体育结合起来可以产生出更多新的东西。人体以多样化能力为统一，这样可以将其作用整体发挥出来。

（四）学校体育的教学目标

1. 掌握基本的运动技能与健康知识，并理解体育对健康的意义

强身健体是体育最本质的作用与功能，尤以"真义体育"为甚，它对体育的生物学意义进行了重点强调与突出。体育教学也应重视对学生身体健康水平的提升，事实上，作为教育中不可分割的一部分，在发展学生求真、立善以及创美的同时，体育教学还要使学生保持健康与增强体质，学校体育发展和培养学生体质，最根本的途径是学生要学会和掌握一定的运动技能。运动技能是以动作形式实现其作用的能力，即人体所特有的，能完成一定任务并具有特定效能的方法或手段。要获得运动技能，需要反复运动，使学生在获得运动技能的时候，体质也得到相应的增强和提升，其实身体运动并不是仅依靠身体就能完成的，它是整个人的活动，需要生理功能和心理功能共同参与其中，只有使学生具有良好的身体素质，才可能达到增强体质的目的。

所以，学校体育教学目标除了发展和培养具有生物学意义的优秀人才之外，更重要的还是对生理、心理以及社会意义上的优秀人才进行科学的培养，促使其合理发展。体育教学应以发展学生身心健康为目的，通过各种有效措施促进学生健康成长，使每一位学生都能获得全面和谐的发展。体育区别于其他各育的根本价值是健康的体魄，同时它也是开展健康教育的重要内容，不可忽视。

2. 促使运动技能生活化

在当今社会之中，不管是个人或社会层面，均非常迫切地需要将娱乐体育提上议事日程。20 世纪 60 年代以来，西方发达国家的体育观念与运动行为均产生不小的变化。随着全球化的不断深入，我国自 20 世纪 90 年代以来，人们在体育观念以及运动行为等方面都经历了一场深刻的变革。体育活动价值需求存在十分明显的特点，即以健身为前提，在体育活动中寻求娱乐，这已经成为一种日益重要的价值倾向。教育即生活，这句话包含着终身教育的重要哲学指导思想，生涯体育这一思想理念也由此产生。所以，在体育教学的目标当中，应该严格按照"育成完善者"思想理念，不仅要合理、理性，还要合情。体育教师在采用科学、系统的教学方法开展教学的时候，将教学过程中学生主体性充分体现出来的同时，还要兼顾学生存在的个体差异性，以便于在体育教学中寻求规律性与目的性的有机统一。要使学生在学习的过程之中带着轻松愉悦的情绪，使他们主动参与到各项体育活动中去，并将其视为具有重要意义的活动形式，从而轻松度过空暇的时间，继而让每一个学生个体在肉体、心灵、精神以及身体上均获得很好的休息、享受、愉悦以及放松。甚至在毕业之后，学生也会因为养成锻炼的习惯和正确体育价值观，能够更加体会到运动的魅力。

3. 培养良好的社会行为和态度

之所以要涉及这一目标，是因为实现"育成完善的人"这一目标的很多机会是从进行身体活动的各种运动场上产生的。在体育教学中，师生、学生之间的相互关系及相互接触以运动为媒介，并以此建立和睦的人际关系。比如比赛这种身体活动，不仅能促使个体的身体发育、体质提高，必然也构成社会的一角。通过担任不同的角色，体验责任的重要性和与人合作的乐趣。加茨库·梅（Gatsku May）认为体育既是斗争又是游戏。在体育活动中，要培养学生公正与互助的社会行为和态度。

从当前改革的需要出发，探讨了体育的地位，并根据"育成完善者"理念，归纳了三条学校体育的目标，在体育教学中，强身健体的同时，还要促使学生获得身心全面发展。但随着素质教育改革的深化，由于对"健康第一"的体育教学指导思想存在模糊性，即"健康"仅为身体健康，还是包括生理、心理和社会的大健康观，存在异议，从而导致了体育教学目标各有侧重。这并不是坏现象，可让我们从不同角度来把握体育的本质。因而，建议从不同的层次和角度来探讨体育教学目标，使我们的体育教学在强身健体的基础上，还能使学生的身心得到发展，尽量达到合规律性与合目的性的统一。

第二节　现代体育教学的内容及环境

一、现代体育教学的内容

体育教学内容是体育教育的载体，它是根据体育课程的目标、体育教学的内在规律以及社会需要来确定的。体育教学内容体系的构建必须在这三个方面的基础上，充分考虑体育课程各个阶段的目标、学生的身心特点、教学内容的纵横联系，以及教学时数、教学条件等各方面的因素，使教学内容的知识和技能体系与促进学生主体社会化所需的素质结构的形成结合起来。

（一）教学内容的概念

构成教学内容最重要的因素是学科所要求向学生传授的知识内容，即教学内容是由该学科的知识素材构成的。从学科的知识素材中选择、整理并组织的，其目的在于实现一定教学目标的必要素材，就是教学内容。所以，知识素材的教育价值越高，它在整个教学内容结构中的地位便越重要。不是各门学科的一切知识素材都可作为教学内容。

体育教学的技能与知识素材庞大且复杂。因此，必须筛选那些适合体育教学目标的身体练习和理论知识作为体育教学内容。体育教师不仅要深刻理解和掌握体育教学内容的内涵，而且要善于从教育学、体育学和教学论的角度去选择和整合它们，以便发挥它们在教学过程中的生物学、社会学和教育学功能，即新标准提出的身体、心理与社会的三维健康观。因此，优秀的体育教师必须学会教学内容的选择与整合。这也是教育部颁布的《义务教育体育与健康课程标准》对每个教师业务素质的客观与职业要求。

（二）现代体育教学内容的类别与划分

1. 现代体育教学内容的特殊性与松散性

体育教学内容不同于数学、物理和化学学科的教学内容，它不具备鲜明的顺序性、阶梯性和逻辑性。在课程内容上先学篮球还是先学足球，先学体操还是先学田径？它们之间的逻辑与主从关系不明确。这正是体育教学内容整合安排和优化组合的难关所在，也是体育学科与体育教学内容的特殊性与松散性所在。

对此可概括为以下几点。

（1）体育教学素材庞大且复杂，素材间主从关系、逻辑关系不明朗，无论横向还是纵向（同类身体练习之间）联系都较松散。

（2）体育学科的教学目标受社会、国家以及教育发展的影响而呈现出多样性的特点。因此，教学内容在服务于教学目标时也具有多种指向性。

（3）教学内容随学生的生长发育、认知水平和性格爱好的变化相应有较大的变化。教材内容的排列不是呈直线递进式，而是呈复合螺旋式。

2. 现代体育教学内容的类别与划分

由于体育教学素材丰富多彩，比较松散，逻辑顺序不明显，因此体育教学内容类别呈多样性的状态。基于不同的分类标准，体育教学内容有不同的类别，按学校体育的目标划分：新颁布的标准将体育教学内容分为运动参与、运动技能、身体健康、心理健康和社会适应五个方面的内容。按课堂体育教学的目标划分：可分为增进健康、发展体能；体育与健康基本知识；基本运动能力与运动技能；体育兴趣与个性心理品质培养等多方面教学内容。按课堂体育教学教材类别划分：可分为游戏、田径、球类、基本体操、健美操、武术与民族体育活动等多方面教学内容。按体育学科能力划分：可分为体育运动能力、体育锻炼能力、体育娱乐能力和体育观赏能力等方面教学内容。按教学内容在教学大纲中的地位划分：可分为重点、一般和介绍性三类教学内容。按体育课的"授业"要求划分：可分为体育运动的基本理论知识、基本运动技能和基本运动技术三类教学内容。按年龄和学段划分：可分为1～3年级与4～5年级教学内容、初中与高中教学内容和大学教学内容。按教学任务划分：可分为学习内容、复习内容、练习内容等。

在众多的体育教学内容中，核心是锻炼身体、发展体能与提高运动技能所需要的知识、方法和手段。其他内容如心理健康、意志品质培养、和谐的人际关系与团队合作精神等，都只有通过学习和实践与上述内容相关的身体练习才能发展和形成。

（三）现代体育教学内容选择的原则

1. 实践性与知识性相结合的原则

实践性和知识性相结合是由体育的本质属性所决定的。利用身体活动来达成教学目标是体育教学中一种最重要的形式。通过实践可以发现，要使身体的大肌肉群得到活动、各内脏器官系统得到锻炼，同时要使学生体验到体育的乐趣、受到品格的培养和体育方法的训练，这些都是以体育教学内容作为媒介实现的。体育教学的一个重要目标是使学生掌握体育知识和发展体育能力，为终身体育奠定基础，这个目标的实现就依赖于实践性与知识性的结合。知识性主要体现在为什么做、怎么做和为什么要这样做上，这固然要通过基础理论内容进行讲授，但更多的是在实践中体验、理解，通过运用来加以强化。体育教学内容体系就是融合实践性与知识性的结合体。

2. 健身性与文化性相结合的原则

健身性是体育教学区别于其他教学的显著特点，体育教学内容体系具有健身性是体育教学的本质属性的反映。文化是人类认识世界、改造世界和适应环境的产物，体育本身就是一种文化现象，体育教学内容的文化性就是体育教学内容有利于提高学生对体育的认识，促进体育情结的培养，树立体育的价值观和体育理想，进行良好的体育道德的熏陶。健身性与文化性相结合，使体育教学内容体系既具有良好的健身价值，又具有丰富的体育文化内涵。

3. 继承性与发展性相结合的原则

传承优秀的传统文化是教学的重要功能。体育教学内容的选择无疑是要吸收我国历史悠久的传统体育内容，使这些宝贵的文化遗产得以继承，这就是体育教学内容的继承性特点。

但时代在前进，任何事物总是要不断地发展才能适应时代的要求，否则就必将被历史所淘汰。文化的继承是有选择的、批判性的，对于传统体育内容，我们在有选择地继承的基础上，要进一步丰富它的内涵，在保留它的原有特点和精华的前提下剔除那些落后的不健康的东西，使它具有时代气息，符合现代社会发展的需要，这就是体育的发展性特点。我们对于武术的继承和发展，就是体育教学内容继承性与发展性相结合原则的典型范例。

（四）现代体育教学内容体系的结构特征

1. 现代体育教学内容结构具有主观目的性

体育教学内容体系的结构具有明显的主观目的性，当客观的需要和主观目的相一致时，建立的体育教学内容结构才是合理的。目的性具有两层含义。首先，在不同的学习阶段，学生对体育教学内容的需要是不一致的，体育教学的内容结构要与不同学习阶段的学生的需要相对应，体现出结构的层次性，因而需要人们在丰富的体育内容中认真遴选、合理组合，按照体育教学目标去确定体育教学内容结构。其次，体育教学内容结构要有利于学生形成合理的认识结构、技术技能结构、能力结构和体育方法结构。所以体育教学内容结构就要能给学生在体育知识、技术、技能、体育方法和终身体育能力的形成方面提供一张理想的网络，这就是体育教学内容结构的目的性。例如，在小学阶段，体育教学的目标主要是提高学生对体育的兴趣，发展他们的基本活动能力，培养自尊心和自信心，进行团队精神的熏陶，因而采用的主要内容是活动性游戏、简单的体操和小型球类活动等，让他们在学习过程中去感受体育的乐趣，在集体练习中培养协作精神，在完成练习中树立自信，在整个活动中使各种基本活动能力得到提高。进入中学以后，体育教学目标提高，侧重点有所改变，这时的教学内容结构就需要相应地进行调整。总而言之，不同的教学阶段有不同的教学目标，也就有不同的教学内容，教学内容不断地调整的主观目的就是更好地实现体育教学目标。

2. 现代体育教学内容结构具有联系性

体育知识和运动技能的种类是极其丰富的，任何体育教学内容结构都只能包含其中的一部分，而选取的这一部分内容应具有广泛的联系性，通过这些内容的教学后，可以有效地扩充学生的知识范围，打下良好的体育运动技术、技能基础，并建立良好的能力结构，为学生进一步的发展创造条件。

体育教学内容结构的联系性表现在两个方面，一方面是具有横向特点的广泛性。身心的发展要求是全方位的，既包括保健、营养、卫生、锻炼原理、竞赛规则等基本知识，又包括促进身体发展的各种运动技术技能和练习方法，相对广博的体育基本知识和多样化的运动技术技能是形成良好的体育态度和体育能力的重要条件。另一方面是具有纵向特点的复合性。体育教学内容要随着学习的进行逐步深化，这是教学的基本规律，就单一的教学内容来说，这就是它的纵向特点。但是体育教学目标是多元的，它的实现依赖于多种教学内容的综合效应，因此，它势必要求多种内容协同向纵深发展，这就是纵向发展的复合性。这种复合性和广泛性的结合，可以提高体育教学内容结构的全面性和协同性，教学内容的广博性和教学内容之间的联系性对于学生创造性的发展也是非常有利的。

二、现代体育教学的环境

（一）现代体育教学环境的概念

要弄清楚体育教学环境的概念，首先必须明确环境、学校教育环境、教学环境等几个相关的概念。

从哲学的角度而言，人类的环境包括了两个层次，即外部环境和内部环境，外部环境即自然界，内部环境则是我们人类自己创造的文化。我们可以把环境理解为人生活于其中，并能影响人的一切内、外条件的综合。

学校教育环境是一个特殊的环境，它是学校中各类人员进行以教与学为主的各种活动所依赖的物质条件和社会条件的总和。学校教育环境本质上是一种人工环境，或者叫人文环境，因为学校教育环境的一切无不被赋予了一定的教育意义，体现了人们的教育观念和审美意识。学校教育环境又包含了许多层次和方面，而教学环境理所当然是学校教育环境的重要组成部分。

教学环境是按照发展人的身心这种需要而组织起来的育人环境，我们可以把它看成是学校的一切教学活动所必需的各种条件的综合。教学环境又有广义与狭义之分，广义上而言，影响教学的所有社会环境如社会制度、科学技术、家庭与社区条件等都属于教学环境；狭义上而言，教学环境主要指学校教学活动所需要的物质、制度与心理环境，如校园、校舍、各种教学设施、各种规章制度、校风、班风、课堂教学气氛及师生人际关系等。一般我们所说的教学环境主要是指狭义的教学环境。

体育教学环境是指开展体育教学活动所需要的所有条件的综合。很显然，体育教学环境是教学环境的组成部分，是一种相对微观的教学环境，故它不可能游离于教学环境之外而孤立地存在。

（二）现代体育教学环境的构成要素

1. 现代体育教学的物质环境

（1）现代体育教学场所

体育教学场所包括体育馆和各种体育场地（如田径场、篮球场、排球场等）以及这些场地的周围环境（如阳光、空气、树木、草坪等）。体育场、馆的布置与建设除了要考虑学校整体的布局外，其位置、方向、采光、通风、颜色、声音、温度以及建筑材料等都必须要符合运动和学生身心的特点以及安全、卫生与审美的要求。如田径场跑道的方向一般要与子午线相一致；再如体育馆的墙面和有些体育场地的地面颜色一般采用比较温暖的颜色，诸如柔和的黄色、珊瑚色和桃红色等，因为暖色调可使人在视觉上和情感上的兴趣趋向外界，可提高中枢神经的兴奋性，因而也特别适合幼儿园和小学的体育场地。体育教学场所同时又是整个学校校园环境的重要组成部分，蕴藏着极为丰富的文化内涵，因此成为学校最亮丽的风景和最吸引学生的地方。

（2）现代体育教学设备

体育教学设备主要有两大类：一类是常规性设备，如课桌椅、实验仪器、图书资料、电化教学设备等；另一类是体育器材设备，如体操垫、单杠、双杠、篮球、足球、排球、健身器材、标枪、铁饼、铅球等。这些设备是开展体育教学活动的必备条件，对完成体育教学的任务起着重要的作用。

2. 现代体育教学的心理环境

（1）学校体育传统与风气

学校体育传统与风气是指一个学校在体育方面养成并流行的带有普遍性、重复出现和相对稳定的一种集体行为风尚，它是校风的有机组成部分。良好的学校体育传统与风气对学生会产生潜移默化的影响，对使学生形成正确的体育态度、兴趣、爱好，养成良好的体育锻炼习惯以及提高学生的体育文化素养等方面都有着非常重要的作用。

（2）体育课堂教学气氛

体育课堂教学气氛是指班集体在体育课堂教学过程中所形成的一种情绪、情感状态，它包括师生的心境、态度、情绪波动以及师生间的相互关系等。积极的课堂教学气氛有利于体育教师和学生之间的信任和情感交流，最大限度地引发和调动学生学习的积极性和自觉性，并且有利于帮助学生树立克服困难的勇气和信心。

（3）体育教学中的人际关系

人际关系是指人们在社会交往中所形成的人与人之间的心理关系。体育教学中的人际关系主要包括两个方面：一是体育教师与学生之间的关系；二是学生与学生之间的关系。这些关系又构成了体育教学中的人际互动过程，直接影响着体育课堂教学的气氛、体育教学反馈以及学生的课堂参与限度和积极性，进而影响体育教学的效果。

（三）现代体育教学环境的特征

1. 现代体育教学环境的教育性

教育功能是体育的重要功能之一。在当今社会，这项功能已经获得人们的认知和重视，并通过体育的手段和方法进行各种教育活动（如健全性格、锻炼意志品质、心理辅导等）。体育教学环境是学生身心活动的环境，这个环境的内容、氛围、互动形式、设计理念、构成因素等都具有教育意义，这种教育性的体现是体育教学环境所特有的。

2. 现代体育教学环境的群体性

教师和学生是体育教学的参与者（教师是主导者，学生是主体），这构成了体育教学的人文环境。来自不同地方、不同专业的参与者，在这个环境中通过体育教学活动进行交流（包括肢体、心理、思想的交流），由陌生到熟悉，并建立新的人际关系（同学关系、师生关系）；教学环境中的个体在体育活动中不断地与老师、同学进行交流，体现出个体与群体的教育性，并受群体的规范，群体中个体的数量在政策上也有限定。

3. 现代体育教学环境的可控性

体育教学环境虽然包括自然环境，但它本身不是自发形成的。它是根据教育教学目标和教学计划构思设计的，具有可控性。主导者以教育教学目标为指导，不断地通过各种方法手段控制整个教学环境的诸多因素，实现教学目标和满足主体的需求。在这个教学环境中，氛围、情绪、主体的活动都是可控的。

（四）现代体育教学环境的功能

1. 陶冶功能

实践证明，优雅文明、美观和谐、活泼向上的体育教学环境，对陶冶学生的情操、净化他们的心灵、培养他们的审美情趣以及养成他们高尚的道德品质和行为习惯有着重要的意义。各种有形的、无形的或物质的、精神的体育教学环境因素的综合，能够在耳濡目染、潜移默化中熏陶、感化学生，从而产生一种春风化雨、润物无声的教育效果。体育教学环境的这种陶冶功能如果运用恰当，对实现体育教学的目标乃至学校体育的目标都具有重要意义。

2. 激励功能

良好的体育教学环境，一方面，可以有效地激励教师教学的工作热情和动机；另一方面，可以提高学生学习的积极性和自觉性，从而推动体育教学工作的顺利进行。体育教学可以为学生创造一种诗一般的画面和意境：翠绿的草坪、湛蓝的天空、清新的空气、整洁的场地、个性化的器材与充满活力的运动场面，在这里，人与自然、人与环境、人与运动已经浑然一体。置身于这样的环境中，去奔跑、去跳跃、去拼搏，对学生而言，这是他们人生中最惬意的享受。在这里，学生热爱运动的自然本性展现得淋漓尽致，而体育意识则宛如春天的藤萝，在学生的心灵中一天天萌发、滋长。

3. 健康功能

体育教学环境是师生长期生活、学习、工作的环境，环境的优劣直接关系到教师和学生的身心健康。一个卫生条件良好，没有污染和噪声，教学设施充足、安全的体育教学环境，可以有效地促进师生特别是学生的身心健康。另外，体育教学中宽松和谐的课堂气氛和良好互助的人际关系，还对学生心理健康有积极的促进作用。

（五）良好的体育教学环境的表现形式

1. 能够勇于突破传统授课模式

每个教师都会在自己从小学到体育院校毕业参加工作，以及多年的教学实践过程中，不自觉地形成一种符合自己固有的教学模式。这种教学模式虽然在一定程度上使教学顺畅进行，但是却束缚了体育教师的思维方式，使其陷入条条框框之中，严重制约着体育教学的改革和发展。要提高体育教学质量，实现教学目标，我们只有突破传统思维方式，勇于进行体育教学改革，改进组织形式，改革教学方法，以适应现代教育的发展需要，才能创造适合主体身心发展的教学环境。

2. 能够充分发挥主体的自主性、创造性

（1）充分发挥主体的自主性

体育教学的突出特点是实践性强，师生互动和反馈以及学生对运动知识的掌握和技能的形成与提高，都是通过自身主动、自觉的活动完成的。在教学过程中教师应指导学生在如何学练上下功夫，激发学生的兴趣、启迪学生的思维，开阔学生的视野、丰富学生的体育文化知识，使学生掌握获取知识的途径和方法，从而提高学生的参与意识。

（2）充分发挥学生的创造性

创造性是对原有认识、操作成果有所改进或有所突破、超越的一种特性。体育课的教学内容丰富、手段多样，教师要突破传统的教学模式，充分发挥学生的创造性。例如，在体育舞蹈的教学中，学生不仅要会跳舞，还要学会创编舞蹈的原则，能够创编舞蹈。在教学中教师要为学生提供器材，鼓励学生发挥想象，编排游戏，这样既充分发挥了学生的创造力，又培养了学生的自信心，增加了学生的学习兴趣。

第三节 现代体育教学的现状及发展

一、现代高校体育教学现状

现在随着素质教育的普及，一系列关于教育改革的措施已经出台了，高校的体育教学模式因此改进了很多，有很多值得称赞的措施，如终身体育思想的提出与采纳、"重视素质教育理念"的提出，这些促使教师开始对体育行业进行重新审视。这个理念使体育教学在教学方式、态度上均有了转变，并且开始尝试和创新了多种教学方式。这些改进的措施是值得肯定的，但经过深入的调查研究，我们可以看到其中依然存在一些不完善的地方，影响到了高校体育教学的整个教育改革措施的贯彻落实，对培养国家需要的高素质人才也很不利。

关于高校体育教育存在的一系列问题做如下分析。

（一）体育教育观念的变革不够深入

全国高校体育教育的改革与发展，都应该坚守身体素质教育观念、快乐体育教育观念、终身体育教育观念等多种观念的综合。然而，一系列的学校体育教育观念的变革都忽略了这些观念，更多地关注了运动技术的传授和运动技能的提高，并不能全面使学生体质得到增强，不能使学生快乐地学习体育，这在很大限度上影响了体育教学的质量。学校体育的目标制定只是为了教学模式而设定的一种形式，其制定的指导思想容易受到传统教育模式以及应试教育的限制，并不会根据学校的具体情况与学生的需求而设定，设置的目标过于笼统，不能落地执行。而且"终身体育"思想只是作为一种说法引入大学体育的课堂，并没有做到真正的落实，终身体育锻炼只作为了口头上的表达，而传统的教学模式使学生接受终身体育的思想确实很难，这样就使终身体育能力的培养更加困难了。为了使体育教学能发挥较高的教学水平，必须着力改变体育教育的观念，使终身体育的观念深入人心，并得到很好的实施。

（二）体育教学方法很单调

我国高校体育的教学方法很大部分受传统教育观念的束缚，其总是过分地强调知识的学习，而不注重以学生为主体，与学生进行交流。体育教学是将课程计划付诸实践的过程，它是达到预期的课程目标的基本途径。而现代的高校教育方法存在很多问题，教师并没有以适当方式促进学生学习，而只是注重自己的教学内容，并不在意学生有没有学到东西，有没有真正地掌握体育教育的精髓。而且在体育教学的过程当中由于受到传统教育模式的影响，一直是按照"讲解—示范—练习"的模式进行教学，这种没有创新的教学模式使学生缺乏学习的主动性，从而使体育课缺乏生机，整个课堂显得机械、呆板，学生很少积极主动地用脑去思考，对于创新能力的培养更是无稽之谈。所以，要提高课堂效率，教师在教学的过程中，必须学会采取各种教学策略与方法，提高学生的活跃度、积极性，这样才能达到体育教学的目的。

（三）体育师资队伍的综合素质较差

我国高校体育教师大部分是在传统教育模式的培养下成长起来的，因此体育教学的师资队伍无论在学历层次还是知识结构上，都普遍存在着一定的差距。目前，高校中的体育教师大部分都是技术型、训练型的，基础专业知识还不全面，综合素质普遍较低，对自己专业以外的科学知识缺乏，不能很好地解决教育中出现的种种问题，缺乏与体育相关联的其他学科的理论知识和能力，体育教学比较随意，态度不够严谨。这些问题的存在也严重地阻碍了体育教学质量的提高。因此，我们必须对体育教学的师资队伍进行全面的培养训练，在提高他们的综合素质的同时，也要提高其教学能力与水平，这样才会为体育教学的进步起到一定的积极作用。

二、现代高校体育教育的发展

随着人类社会的迅猛发展、脑力劳动者的增多、工时缩短后闲暇时间的增多，体育健身娱乐场所迅速发展和健全，各种形式的体育俱乐部也纷纷成立起来，这些现实问题都给体育教育提出了新的课题，把"促进学生身体健康"的传统体育价值观同"适应社会的必要知识技能"这一新的体育教育价值观有机结合起来，建立一种符合时代要求和现代社会发展趋势的全新教育理念。部分高校以建立体育俱乐部的形式满足了部分家庭状况好的学生的需求。我国的传统武术项目如太极拳等也成为部分高校的主干课。从发展趋势看，要适应未来变迁和发展的客观要求，必须对传统的体育教材内容进行修改、筛选和必备的补充。体育教材的内容应是丰富多彩的、有效而实用的，只有对体育教学进行全面改革，才能更好地发挥体育教育在社会发展中的重要作用。

第二章　现代高校体育课堂教学与管理

本章主要介绍现代高校体育课堂教学与管理，主要从四个方面进行了阐述，分别是现代体育课堂教学概述、现代体育课堂教学组织与管理的具体内容、现代体育课堂教学管理的方法、现代体育课堂教学组织与管理的案例与分析。

第一节　现代体育课堂教学概述

一、现代体育课堂教学的含义

课堂教学通常被称为上课，在教育学中被称为班级授课制。课堂教学是在学校特定的时间内对某一学科或某类知识进行集中传授的一种教学方式，即将学生按照年龄大小、文化程度编为一个班，每个班级的学生数是固定不变的，上课的教室和教师都是固定的，由老师按照提前计划好的课程表进行教学，然后组织和引导全班学生进行学习的一种教学组织形式。

在欧洲中世纪学校里，教学偏重个别传授，到了中世纪末期，由于工商业发展对教育方面人才的需求，向学校提出了新的课题：扩充教学内容、扩大学生名额，产生了班级上课的形式。在 17 世纪，捷克教育家夸美纽斯（Comenius）最先在理论上加以总结，以后班级上课的形式继续发展，逐步完善。

二、现代体育课的结构

进行体育课的设计与组织之前，首先应分清体育课的类型和基本结构。

体育课的类型与结构和普通课的类型与结构具有共同点，亦有自己所独有的特点。从类型上看，无论如何分类，体育课总是以实践为主体的课；从结构上看，它则表现出鲜明的个性特点，下面我们就目前我国学校体育课教学中常采用的结构模式略做分析。

（一）三部分结构模式

该结构模式主要分为三个部分，分别为准备部分、基本部分与结束部分。基本部分也可以分为两个更为具体的部分，也就是技术教学部分（技术教学是主要任务）和身体锻炼部分（主要提升体能水平、发展运动能力），有利于教学目标的全面实现和重点突破。

（二）六段教学结构

这一结构以学生课上身心活动的变化规律为主要内容，共分为六个部分，下面是这一教学结构的模式：引发动机阶段—满足运动愿望阶段—适当降低强度、保持活跃情绪阶段—发展运动技能阶段（掌握技术）—身心恢复调整阶段—小结和布置作业阶段。六段教学结构适用于小学和初中的体育课。

（三）按练习顺序安排的结构

这一结构没有区分具体的阶段和内容，而是按照人体机能规律进行练与休的适当交替，使练习的具体内容按照一定的顺序依次展开。在这一过程中，既注重了身体训练，又兼顾到心理素质的培养。按照练习顺序安排的结构将重点放在对学生学习情绪和心理活动的调控上，从而调动起学生学习和实践的主动性。

三、现代体育课的组织与实施

完整的体育组织实施包括备课、具体组织实施（上课）、检查与总结等基本环节。

（一）体育课的准备

体育课的准备又称备课。备课就是教师在课前要做好教学准备的工作，是课程得以顺利开展的前提条件。备课是课堂教学中最基本的环节之一。备好课并不意味着能够上好课，但是如果备课不够充分，上课的质量也就得不到保证。因此，要提高教学质量就必须重视对学生和教材的准备和研究。教师备课时应做到以下几点。

1. 钻研教材

第一，学习体育教学大纲（课程标准）的必要性，从学科总体教学目标和各个单元出发，了解本节教学目标具体内容和基础要求，明确教材的体系范围和内涵深度；第二，深入了解教科书的内容，把握多项教材中的重点和难点知识，做好知识的前后衔接工作。

2. 了解学生

学生在认识层面的准备状态、身体发展阶段，是开展教学的出发点，为了让教学符合学生成长的要求，教学活动要符合学生的具体情况。所以，老师应该对学生的学习态度、兴趣、个性特征、身体健康状况、认知能力、知识基础等做到充分的了解。

3. 进行教学设计

从教材的性质、教学任务、学生状况、场地器材的状况等角度出发，精心设计科学合理的教学方法、手段，并确定教学活动种类与结构等。

4. 准备场地、器材

做好场地和器材的准备工作，场地和器材是一堂体育课的物质保障，教师在教学准备过程中应精心规划场地，并合理安排器材。

（二）体育课的具体组织与实施

体育课的组织与实施也就是上课。上课是教师对一定班级的学生实施教案的活动，是体育课堂教学的中心环节和最重要的实践环节。要上好课，就应注意以下几点。

1. 目的明确

教学目的不但是课堂教学的起点，更是教学活动的最终落脚点。如果教学的目的不明确，就会影响到整个教学进度和教学质量。不仅要让老师了解具体的教学目的，也要让同学们了解自己为什么参与教学活动，从而让教学活动能够在专业的指导下顺利开展。

2. 内容正确

要顺利完成教学任务，最根本的保证是教学内容要得当，正确的教学内容能够将科学性和思想性结合在一起。

3. 方法恰当

从体育教学目的、任务出发，掌握学生的认知与身心发展规律，把启发式的教学方式作为教学活动根本导向，选择多种多样的教学方式，才能够充分激发学生的学习热情，将传授知识和发展智力结合在一起，实现教书和育人相统一，同时也能完善统一要求和因材施教的有机融合。

4. 教学组织严密

一方面，将教授知识和学生学习结合在一起；另一方面，统一安排教学活动，科学合理地分配时间，从而提升教学的效率。事实上，教学组织和管理设计的科学、严密有利于实现教学效果，达成教学目的。

第二节　现代体育课堂教学组织与管理的具体内容

一、现代体育课堂教学组织与管理的概念

这里所说的体育课堂教学的组织和管理，即根据某种目的，在特定的管理思想的引导或作用下，在一些教学组织形式与组织的帮助下，安排和规范教学活动，合理配置并利用教学资源，以确保教学活动健康、有序地进行，完成达到教学目的、保证教学质量、实现教学计划的任务。学校是整个教学组织与管理的主体，教学的组织与管理是学校整个工作的中心，它依赖于学校系统内部各要素的协同构建。

二、现代体育课堂教学组织与管理的原则

（一）面向全体学生原则

体育课堂关注每一位学生的发展状况，每个学生在体育课上都是非常重要的，不要只重视学习好的学生而忽略了成绩普通的学生，在体育课堂中，后进生对体育的需求更加强烈，教师要提升后进生的技术技能，使得学生的

身心都能够适应社会的发展，在体育的课堂教学中我们需要让每位学生都具备终身学习的意识。

（二）规范性原则

组织与管理的过程是需要遵循一定规律的，规律之中又具有某种章法。体育课堂也不例外，体育课堂要遵守学校和教师制定的各项规则，否则就会影响正常教学的进行，甚至还会造成一些安全事故。在体育课堂中应该以标准的纪律对学生进行约束，让学生在理性、公正和科学的氛围中学习。如果在学校中没有一个标准的纪律，那么，既会影响教学工作，又不利于教育目标的实现。因此，教师必须建立有约束力的课堂常规制度，这也是体育课堂管理的基本原则之一。规范性原则以体育课堂常规为主要表现形式，体育教师所要遵守的常规包括制订课堂教学计划、事先准备好课程内容、事先布置需要使用的器材等；学生所要遵守的常规包括衣服应穿着运动服、课堂上要站好队等；教师和学生之间也有一些共有的常规，比如师生要相互问好、教师教课时学生与教师互动。只有遵守好这些基本的常规，体育课才能够顺利开展。因此，如果课堂常规的开展得到了保证，体育课堂才能够更加规范化，体育教学也会更加顺利。

（三）教育性原则

教育性原则决定了体育课堂上的一切活动都应该对学生产生教育作用，教师要教育好学生。如在评价学生体育成绩的过程中，不仅要能够反映出学生的体质状况，还要具有一定的时代性，将学生的教育与社会的发展保持同步，社会需要什么，体育教学就要下功夫落实，例如，以体育活动为载体，培养学生的竞争意识、合作意识、爱国意识等，也要使他们学会适应社会。在体育竞赛的开展过程中，应该让学生建立起公平竞争理念，形成良好的体育道德与作风，形成遵守纪律、遵守规则的良好习惯，能够尊重裁判的裁判结果。教师给学生以奖励和处分，都是为了更好地教育学生。

（四）遵循学生身体生长顺序性原则

对学生进行身心教育的过程是一个渐进式的过程，在这个过程中具有某种逻辑顺序，因此，学校体育课堂管理也具有一定的顺序性。教师应该根据不同时期学生身心发展的特点来设计相应的教学内容和方法，这样才能保证体育教育有效性。以小学阶段为例，教师在设计教学内容时要注意不能超过学生生理负荷，不要进行强度较大的锻炼，力量性练习要适当减少。随着学生年龄的增长和体质的加强，较大强度的锻炼才能够落实执行，顺序性原则是符合学生身体发育规律的，需要在平时的课堂教学中注重应用这一原则。

三、现代体育课堂教学组织与管理的途径

（一）运动技能学习的组织与管理

只有身体真正参与到活动中，活动才能够被称为体育活动，并且在体育活动中还需要一些技术作为支持。在体育课堂中，运动技能的学习占据着课堂任务的首要位置。那么，我们应该怎样安排和管理好运动技能的学习呢？

1. 引入

学生在学习一门技术的过程中，需要教师根据教学目标精心设计，进而将学生带入学习的良好状态。为了满足不同年龄学生心理层面的需要，导入方式也需要进行一定的变化，可通过各种途径进行引入，比如比赛游戏导入、故事导入、情境导入等。同时，也应注意导入的目的性，联系后续环节的学习内容，给予学生一定的启迪作用。

2. 讲解、示范

讲解和示范在体育教学中的意义十分重大，过去学生在进行技术学习前，通常都会由教师进行演示，但在目前自主学习的形式中，示范和说明的具体应用时间节点可做适当的调整，比如，可以采用学生自主探究学习→示范讲解的方式，也可以采用自主探究学习→示范讲解→自主学习的方式。前者强调的是教师在知识传授过程中的引导作用，而后者则体现了学生主动参与学习的重要性。后一种学习形式无疑最为理想。在此环节中，可以增加教师和学生对学习技术的探讨，教师创设出某种情境，使得学生的发散思维得到锻炼，旨在使学生提升学习的主动性。

3. 技术学习中老师点拨

学生往往是在实践中提升自己的技术水平，但单一性的学习或缺乏引导

的学习，都对学习速度产生负面的影响，而教师的指导则能克服这一弊端，同时能够改进教材中的重点和难点知识，使学生快速掌握运动的技术，比如，在做支撑或者跳跃之类的技能学习时，教师应该从以下几点出发，掌握点拨的时机。第一，讲解示范要准确，教师要根据教学内容和教学进度选择恰当的方法进行讲解，以使教学过程变得简单易懂，便于记忆。学生动作出现错误时，应当立刻点拨，从而避免错误动作再发生的问题。第二，在练习开始前进行点拨，使学生能够在心理上做好学习的准备。第三，教师要关注学生的心理状况，及时化解学生的心理障碍问题，这样不仅能够提升学生的自信心，还能够让学生体会正确的练习方法，也能够避免伤害事故的再次发生。

（二）体能发展的组织与管理

体能发展是身体健康学习方面的一项重要任务，其中包括运动技术的掌握、良好的锻炼习惯的培养等，它以培养学生的体能为宗旨，因此，发展体能就是课堂内一项非常重要的工作。在体育教学中，培养学生体能能够帮助学生更好地完成学校体育教育目标。发展体能的途径有身体素质练习、游戏活动、运动技术学习等。此外，要达到体能提升的效果，并非只依靠每周几节体育课就可以完成，还要结合课外的练习和日常的体育锻炼等，最为重要的是教师要教会学生怎样进行自我的学习和管理。

在通常情况下，体能是由耐力、力量、速度等方面组成的，提高速度就是提高移动的速度，但是速度增加的效果并不显著，对学生的综合素质提出了更高要求，也影响着体育课堂教学的组织与管理细节。所以，为了提高学生的体能，应重视速度的练习方式，尤其是时间和顺序的合理安排，在练习过程中必须结合运动项目的具体特点和要求，还必须合理地安排运动的负荷。在实际的课堂耐力练习中，教师一般会在课堂中安排长跑项目，但是学生们实际上是非常反感长跑项目的，所以还要培养学生的心理素质，提升学生的心理水平。在教学的过程中，应该多尝试几种耐力练习的形式，提升学生学习的积极性，比如将长跑和越野跑、游戏练习等活动结合在一起，还可以在田径场上开展"M"形跑活动。

（三）分组学习的组织与管理

在体育课堂中，分组教学形式经常被教师采用，在课堂教学过程中，学生以小集体单位进行学习，这需要他们密切合作，互相帮助、互相激励，吸取别人的学习经验。体育教学分组一般分为帮教分组、友情分组、异质分组、同质分组等，每一个组都是一个小集体，每个小集体都安排了一个小组长，对本小组进行统一的管理，组员之间的分工十分清晰，每个小集体的最终目标都是相同的，学习的兴趣也在同一个领域内，小集体内每个成员都有一定的责任和义务。在体育课堂教学中，为了更好地组织和管理，可采取"四个自由"的方法开展教学。

1. 自由组合

学生小集体的组合原则存在具体的差别，一般包括了三个特点，第一是相似性，例如技能水平、性格、兴趣等；第二是相近性，例如一起上下学、同桌关系等；第三是互补性，例如同学之间的互相帮助、教师对学生的尊重等。

2. 自由选择练习方法

练习的方式要多样化，从而满足学生之间存在的个体差异，如果采取强制性的练习方法，学生特长的施展也会受到限制，因此，要让学生自由地选择练习的方式。许多练习方式比较相近的学生比较愿意自行组合在一起，他们共同练习，能够满足自己所在层次的学习性需要。

3. 自由选择练习内容

学生之间的兴趣、爱好、特长各不相同，他们对体育内容的偏好亦不一致，因此，体育课堂教学内容在编排上应多样化，为学生提供学习的余地，喜欢就多多练习，不喜欢就减少练习的频次。

4. 自由交往

这种组织和管理方法是社会适应目标的具体反映，应使学生在体育课堂中学会与他人互动，让学生在宽松的环境中掌握知识。

（四）纪律的组织与管理

纪律表现为学生的具体活动和行为，课堂纪律就是在课堂中要让学生遵守好纪律，从而保证体育课堂的教学效率，学生在课堂中的表现对课堂纪律的影响是非常直接的。如果学生不能遵守规则或不遵守体育训练中的行为准则，就会使体育课堂纪律变得混乱，学生无法正常参与体育活动，从而影响教学任务的完成。所以，强化体育纪律的组织管理，既能够保持良好课堂教学秩序，消灭课堂中对教学活动产生的不利影响，又能够激发学生的内在潜能，提升学生学习的效率。

第一，保证课堂的纪律，养成良好的行为习惯。如果课堂的纪律能够得到保障，不仅能够保证课堂教学活动的顺利开展，还能够对学生的行为产生指导作用，提升课堂教学的实际效率，保证课堂的教学效果。反之，如果教师不重视课堂常规的作用，仅仅依靠暂时的命令保持课堂纪律，就容易导致教学效率的低下、教学时间的不充足等问题。

第二，强化行为教育，剔除行为中容易存在的问题。学生在体育课堂中经常出现各种不同程度的行为问题，会影响其正常学习和生活，给教师造成很大压力。在体育课堂中，并非每一位学生的情绪都是积极向上的，也有消极的表现与情绪，比如情绪低落、不服从教师安排、师生关系不融洽、不喜欢参与课堂活动等问题，这些都是行为方面的问题。究其原因，可能是教师教学中存在不合理的问题，可能是有些学生对于体育课堂的目标理解不到位，也可能是学生的体育基础和自身的健康基础不良。这表明在课堂上出现问题的原因是多方面的，表现出来的问题也是多样的，所以，我们应该透过问题的表象看到问题产生的原因，采取具有针对性的措施。

第三，重视集体的作用，强化行为教育。在学校体育教学中，教师是学生学习活动的组织者、引导者和参与者，因此，教师对学生的引导是非常重要的。不良行为会在良好的班级氛围中逐渐消失，班风能够在集体中发挥重要的作用，强化优良的班风是至关重要的。因此体育老师要组织并管理优秀的集体，让班级发挥积极的引导作用。

第四，理性对待体育课堂中的偶发事件。教师针对这些偶发事情应该采取及时的措施加以防范与应对。在体育课堂中，偶发事件基本上都是危险程度较高的事件，远远高于其他科目的危险性，通常包括气候的变化、器材的损坏、身体的损伤等，也会出现学生破坏课堂纪律等现象。当教师在课堂中授课时，如果遇到了这样的问题，教师应该保持头脑的清醒，灵活处理教学中的问题，根据不同的情况确定解决方案。

　　体育课堂教学的组织和管理需要掌握技巧，需要教师不断地进行经验的积累，提升自身能力，运用恰当的教学方法，安排好教学的内容，开展体育课堂的教学，着力营造轻松、民主、愉悦的氛围，只有教学氛围融洽了，学生的学习兴趣才能够得到激发，吸引学生积极而有激情地参与课堂活动，才能使课堂教学达到最优化的效果，使体育课堂的组织与管理变得井然有序，从而确保课堂教学的顺利进行。在日常的教学中，教师需要将组织教学和教材的特点融为一体，改变过去千篇一律组织教学的方式，将学生的被动接受学习方式转变为主动学习，从而调动每一位学生学习的主动性、创造性，提升教学的实际效果。

四、现代体育课堂教学组织与管理的基本内容

（一）队形与队列的安排与调动

　　队列队形在教学组织中起着举足轻重的作用。良好的队列队形既可以激发学生学习动作技能的兴趣，又可使他们养成自觉参加体育活动的良好习惯，从而达到增强体质的目的。在课堂中应该合理安排和组织多种练习队形，这样不仅可以使学生形成正确的运动姿势，还可以提升教学组织的效果。课堂教学自始至终离不开队列队形的变换，所以教师在组织、调动队形时，要注意以下几个方面。

　　第一，要掌握队形使用的时机。应该明确变换队形的时机、变换方式以及变换时的注意事项。通常从讲解过渡到演示的时候，或由一个练习转换到另外一个练习时，甚至是地点的变换，都有可能出现队形和队列的变化。

　　第二，可以从项目特点以及教学的内容上安排队伍的调动。在活动性的游戏中，我们通常会使用圆形队伍；在田径项目中，我们一般会使用两路的纵队；在投掷性项目中，一般会使用面对面的形式；在体操项目中，我们一般会使用纵队的练习队列等。

　　第三，队形的编排要利于教师的讲解、演示和引导，方便学生开展观察，并且利于安排好教学的顺序。在课堂中，要让学生远离那些容易干扰课堂教学的因素，比如干扰、风沙、阳光等，从而让队形符合卫生和安全要求。

第四，教师应该缩短调动队伍的时间，让学生配合课堂中的各种队伍调动，从而使步调保持一致，提升课堂的教学效率。

（二）教学组织形式

体育课堂教学中经常能够见到的教学组织形式主要有三种，分别为分组教学、班级教学、个别教学等。随着现代教育技术的发展及学校管理体制改革的不断深入，我国传统的班级授课制已不能适应新形势的发展需要，它在一定程度上阻碍了素质教育的实施。教学组织形式发展总的趋势是以班级教学为基础，向个别化、综合化、多样化发展。具体而言，就是要在理论和实践两方面进一步提高班级教学的质量，还实施了分组教学、小集体教学等方式弥补了班级教学制存在的缺陷，从而强化个别化教学的效果。

1. 个别教学

个别教学是当今世界上历史最为悠久的教学组织形式之一，之所以在今天仍然具有存在的价值，在于个别教学能够真正让学生充分发挥个体的潜能，达到因材施教的效果，有助于学生自学能力的提升。但是因为这一教学组织形式的效率低下，很难满足教育普及工作的要求，而且学生之间缺少交流与学习，所以对学生社会化发展不利。

2. 班级教学

班级教学又称班级授课制，是体育课堂教学的基本形式。这里的"班"不仅仅是传统意义上的"行政班"或"自然班"，也包括对它进行改造后形成的"班"。从目前来看，体育课堂教学的班级编制形式多种多样，一种是把一个年级的学生编成若干个班，叫作单式班级编制；另一种是把两个年级或两个年级以上的学生编成一个班，叫作复式班级编制。还有的是按运动水平、体育兴趣、性别等标准划分班级的。

班级教学的优点：第一，一名体育教师同时教 40～50 个学生，受教育的学生多，体现出教学的高效性；第二，学生能用较快的速度来掌握体育知识和技能，从而完成统一的教学计划，体现出教学的实效性；第三，能较好地发挥教师的主导作用；第四，便于体育教师对课堂教学进行管理。

班级教学的不足：第一，难以照顾学生的个别差异；第二，不利于学生探索精神、创造能力和实际操作能力的培养；第三，学习者之间缺乏明显的联系。

3. 分组教学

分组教学是把一个班分成若干小组，教师以组来进行指导的教学形式。这种教学既保留了班级教学的长处，又能在一定程度上解决区别对待的问题，即教师可以根据各个小组的不同特点进行不同的指导。这种分组通常是以学号、身高来进行的（机械分组）。每组指定一个小组长，通常起着"小教师"的作用。近年来，随着教学改革的不断深入，在体育课堂教学中也涌现出多种分组方式。

（1）同质分组。所谓同质分组，是指分组后，同一小组内的学生在体能、运动技能、兴趣爱好等方面大致相同。因此，可以按体能状况、运动技能水平、性别、兴趣爱好等进行分组。优点在于能增强活动的竞争性，符合学生争强好胜的性格，提高学生参与活动的兴趣，但这种以运动能力为划分标准的分组还会使学生产生优劣感，甚至造成学习意愿的下降。

（2）异质分组。异质分组是指分组后，同一小组内学生在体能和运动能力方面均存在差异。它不同于随机分组，它是人为地将不同体能和运动技能水平的学生分成一组，或根据某种特别需要对"异质"进行分组来缩小各小组之间的差距，以利于开展游戏和竞赛活动。

（3）友情分组。在学生有自主选择练习伙伴的情况下，大多数学生会选择与自己关系较为密切的同学在一起进行练习，这就是友情分组。在友情分组中，由于学生相互之间的信任度高、依赖性强、思想一致，因此，在学习过程中更能发挥各自的作用，形成合力，凝聚力强。

分组教学的优点：第一，有利于因材施教，即分组教学能根据学生的不同能力水平，甚至不同的兴趣分成几个小组，对不同的组提出不同的要求，采用不同的教学方法进行教学，能适应学生的能力和要求，照顾学生的差异；第二，有利于教师组织教学，提高教学质量。

分组教学也存在不足，主要是不利于学生个性的健康发展，能力强的学生易滋生骄傲情绪，能力差的学生会产生自卑感。

（三）教学场地、器材的布置

场地器材是体育课堂教学不可缺少的物质条件，是实现课堂教学目标的物质保证。科学合理地布置场地器材，不仅能充分利用场地、器材，增加学生练习的次数，合理安排课的密度，而且能创建优良的教学环境，提高学生练习的兴趣和积极性。因此，进行场地器材布置时应注意以下几点。

（1）应符合卫生和安全要求，严防伤害事故的发生。

（2）应便于教师对学生的指导，有利于队伍的调动。

（3）应有利于变换练习内容，提高学习效率。

（四）课堂控制

为了保证课堂教学活动按照计划一步步朝着实现课堂教学目标的途径运行，体育教师必须监控课堂教学活动的效果，必须随时将达成目标与预先设定的目标进行比较，一旦出现偏差，应及时采取纠偏措施，使课堂教学活动回到正确的轨道上来。对课堂进行管理控制的过程主要包括确定课堂教学目标、衡量实际达成目标情况、分析偏差产生的原因、采取纠偏措施等。

第三节　现代体育课堂教学管理的方法

一、场地器材使用管理方法

任何体育活动都是在一定时间和空间内进行的，体育场地是运动空间的具体形式。体育场地的数量和质量直接影响到体育活动的质量和效率。从某种意义上说，离开了体育场地，学校体育课程就无法正常存在。除了体育场地之外，多数体育活动的开展还需要特定的器材作为重要手段，配备充足的体育器材与合理使用体育器材可以提高锻炼效果，使体育锻炼更具有趣味性和实效性。因此，合理设计、充分利用、有效开发体育场地和器材资源，是提高体育教学质量的重要条件之一，也是体育教师应该具备的重要的教学技能。

（一）体育教学场地管理

1. 体育教学场地布局和使用的基本要求

第一，安全性。体育锻炼的目的是增强身体健康，如果因为场地问题使学生身体受到伤害，那就失去了体育锻炼的意义。因此，体育场地在布局和使用中首先要考虑的问题就是安全性。体育教学要保证学生在安全、宽敞、舒适的环境下进行运动技能的学习和身体锻炼。体育场地要宽敞、平整，硬度适中，场地内没有障碍物和不利于运动的物体存在。投掷项目的投掷方向尽量为空旷地带或"无人区"。在跳跃项目的落地区一定要有沙坑或垫子等。

第二，趣味性。场地的布置和利用一定要考虑学生的能力、兴趣和爱好，考虑学生的心理特征，以激发学生对体育运动产生浓厚的兴趣。如小学的体育场地应注意突出外观效果，以鲜明的色彩、明快的线条、有趣的图片等吸引学生对锻炼场地的注意力。大学生已接近成人，对体育场地的标准化程度要求更高，可以使用接近或标准的竞技体育场地。总之，根据不同年龄阶段学生的特点来设置和利用体育场地，是保证体育教学质量的重要条件之一。

第三，目标性。体育课程的目标体系包含了身体健康、运动技能、心理健康等多个学习领域，体育教学多元化目标的实现有赖于运动技能的学习和身体锻炼的过程，所以，体育场地的布局和使用要有利于教学目标的实现，特别是要有利于运动技能的学习和身体的锻炼。要根据教学内容和教学目标合理安排场地的使用，保证每个学生都拥有适宜的练习空间和人际交往空间，保证练习场地的充足与合理，从而保证体育、学习目标的有效完成。

2. 不同教学内容场地布局和使用的特点与注意事项

不同的体育教学内容在场地布局和使用上具有不同的特点，有的内容对场地条件要求较高，如篮球、网球；有的内容则要求较低，如田径、徒手操；有的内容需有专用设施，如器械体操；有的内容则随处可练，如一些拳法的练习。了解不同内容在场地布局和使用方面的特点及注意事项，有利于体育教学质量的提高。

（1）球类教学场地布局和使用的特点与注意事项

① 球类教学场地布局和使用的特点。大多数高校由于受场地面积的限制，球类场地的布局往往不像竞技体育场地那样规范。一个篮球场上常常安装不止一对篮球架，羽毛球场地有时也会布置在篮球场中间，甚至在田径场地中间也会设置篮球场和排球场，这种布局在竞技体育的场地中是没有的，这也是学校体育场地的一个明显特点。

球类项目的教学活动一般都在固定的球类场地上进行，这些球场一般都画有固定的标志线。

因此，体育教师可以充分利用球场上各种已有的标志线和区域开展教学活动。以篮球教学为例，一般情况下，传球教学可以呈四列横队在球场中间进行；投篮教学可以围绕限制区或三分线进行；行进间传接球可以在端线以外呈纵队向球场内进行；准备活动可以充分利用场地线进行各种路线和图形的跑动，如跑方形、跑 8 字形、跑对角线、跑蛇形等。

② 球类教学场地布局和使用的注意事项。校园如有两个以上球类项目的场地，则应该将场地尽量集中安排在一起，至少也应将相同的球类项目场地安排在一起，以便教师开展教学活动和对学生进行有效的指导。

球类项目中跑、跳活动较多，因此，教学场地要求平整、硬度适中、无杂物，以保证学生在运动中的安全。许多学校把篮球场铺成砖地，时间一长，容易部分区域凹陷，甚至高低不平，而且地面很硬，并不是理想的球类场地。在没有铺设塑胶场地的学校，沥青地面或者质量较高的土地面也是不错的选择。

场地旁边如是校园围墙，则应该把围墙加高，以防球打出墙外，造成麻烦。尤其是排球场地更应注意这一点。

球类项目的场地上最好画上固定的标志线，这样可以减少平时上课画线的工作量，便于体育教师开展教学活动。

球类项目的设施如篮球架、排球网、乒乓球台等，应当牢固、结实、耐用、美观，并应当经常检查维修，确保使用安全。

在较大的足球场地上教学时，如不是进行教学比赛，教师应在场地上做出一些标志，确定活动范围，防止出现学生活动范围过大，教师无法对教学活动进行有效调控的现象。

（2）田径教学场地布局和使用的特点与注意事项

① 田径教学场地布局和使用的特点。"田径"两个字本身就已经概括了田径场地的基本特点，即田赛项目在空间较大的空地上进行；径赛项目在类似小径的跑道上进行。学校如没有标准或非标准的田径场地，选择一片平坦空地便可开展跳与投的活动，选择狭长、平坦的土地便可开展走、跑类的活动。学校中的田赛场地要考虑到教学的实际需要，如跳远沙坑可以适当增加宽度，能允许两人并排跳远；跳高场地可以布置成十字形，四个小组同时练

习；投掷方向要面向"无人区"，要有足够的场地空间等。基层体育教师在教学实践中创造了很多田径教学场地布局的实例，这可以给我们很多借鉴。

② 田径教学场地布局和使用的注意事项。对于走、跑类的教学活动，应选择平坦、硬度适中的地面进行。快速跑的教学跑道长度一般为25～30米。耐久跑的教学可因地制宜，根据具体情况在有限的场地上设计不同的跑动路线。

对于跳远、跳高的教学，落地区一定要有沙坑或垫子，为方便教学，可以左右相邻设置2～4个落地区同时进行练习。

对于投掷项目教学，场地使用一定要把安全放在第一位，场地的布局使用以及练习方法要确保学生安全，不发生伤害事故。最好不要安排学生面对面投掷，投掷方向应朝向"无人区"。使用实心球进行面对面投掷时，相对同学之间要留有足够的距离。

当在篮球场上进行田径内容的教学时，应注意充分利用场地的长度和宽度，为增加长度，可以考虑使用对角线进行快速跑练习。若进行耐久跑教学，则可在场地上设计多样的跑动路线，如利用篮球赛场上的标志线进行8字形、对角线、方形、蛇形、螺旋形等多种路线进行跑动，不仅因地制宜，而且妙趣横生。多种变化的跑动路线和活动方式，可以有效增强长跑的趣味性。

（3）体操教学场地布局和使用的特点与注意事项

① 体操教学场地布局和使用的特点。体操项目通常包括单杠、双杠、支撑跳跃和技巧等。单、双杠属于固定体育设施，一般多呈直线并排安装。教学时学生一般多呈横队站在器械两边观察动作或等待练习。跳箱、山羊、垫子等器材可以临时布置，用后搬离。支撑跳跃教学场地一般多并排布置，学生呈纵队同时进行练习。技巧的教学场地布置较为灵活，可以根据学生人数把垫子布置成直线、圆形、弧形或方形等。

体操教学的场地布局无论以何种形式出现，一般都比较集中，以便教师帮助保护和观察情况，同时也有利于学生之间的相互观察与合作。

② 体操教学场地布局和使用的注意事项。体操练习场地的地面要平坦，相邻器械之间要有足够的间隔，支撑跳跃和技巧项目的相邻器械中间要有2～3米的间隔距离；相邻单、双杠之间最好有3～4米的间隔，周围4米以内最好没有其他物体，以免影响练习。器械的安装要牢固、耐用，器械的下

面和支撑跳跃的落地区要有垫子等。

在布置这些项目的练习场地时，首先要注意便于教师观察情况和指导学生练习，在器材中间留有足够的空间距离等，在此基础上可以进一步考虑布局形式上的美观。有的教师把支撑跳跃的练习场地布置成圆形，四个方向各有一个器械，看起来很新鲜，但教师在中间最多只能观察到两组学生的练习情况，顾及不到全体学生的练习，这种场地布局形式不可取。

（4）操、舞与武术类教学场地布局和使用的特点与注意事项

① 操、舞与武术类教学场地布局和使用的特点。操、舞与武术类项目教学场地的布局和使用特点是灵活多变，简便易行，没有特殊要求。只要有一片足够大的空地，便可开展这些项目的教学活动。教师可根据空地的大小和学生的人数，灵活设计练习的队形，合理充分地利用场地。一些条件较好的学校建有室内健身房，在室内进行操、舞和武术类教学时，要注意充分利用场地、墙壁上的镜子以及其他设施，以增强教学效果，提高教学质量。

② 操、舞与武术类教学场地布局和使用的注意事项。操、舞与武术类项目教学场地要平坦，保证有足够的空间，由于这类教学活动常常使用音乐伴奏，因此最好远离教学区，以免影响其他班级的文化课教学。

操、舞与武术类项目教学要求学生注意力高度集中，所以场地周围最好没有或较少有干扰因素。要尽量保持场地的整洁和美观，努力营造一个令人身心愉悦的教学环境。

如果是在不规则的场地上进行操、舞与武术类项目的教学，应该根据学生人数和场地的形状、面积来确定上课的队形。原则是应能使所有学生清楚地观察到教师的示范动作，相邻学生之间要有足够的间隔距离，以保证学生能正常进行练习。

3. 体育场地资源的开发与利用

（1）改造现有场地，提高利用价值。可以根据学校现有体育场地的情况，因地制宜地进行改造，使其更加适合学生开展体育活动。

（2）合理布局场地，提高利用效率。要根据高校开展体育活动的实际需要，合理布局体育场地。既要满足体育教学的需要，又要满足课外体育活动和学校比赛的需要；既要确保学生活动时的安全，又要保证学生有足够的活动空间。例如，在田径场半圆内设置篮球场或排球场，在篮球场内设置排球

场使二者兼用；在平坦的道路上或其他自然地形中设置跑道；在边角空地上设置体操器械或砌乒乓球台；在大树上设置爬绳、爬杆；农村学校可以利用现有的树木、沟渠、土岗等地物地形，设计障碍跑的练习场地；等等。

（3）利用地理资源，开展体育锻炼。我国幅员辽阔，地貌多变，充分利用当地的自然地理资源开展体育锻炼是大有可为的。例如，利用湖泊可以游泳；利用山地可以爬山；利用荒原可以远足、拉练；利用树林可以开展定向运动；利用田野可以开展越野跑和跳跃练习；利用沙丘、沙地可以滑沙、打沙滩排球；农村学校可以利用学校周围的田野、树林等地理环境，开展简易的定向越野活动；等等。

（二）体育器材的使用与开发

很多体育教学内容要使用专用的器材，如跳绳、跳箱、跳高架、篮球、排球、实心球、单杠、双杠、跨栏架等。有些体育项目离开了器材就失去了存在的意义，如篮球、排球等。在体育教学中合理地使用体育器材，充分挖掘和拓宽体育器材的使用价值，可以有效激发学生对体育运动的兴趣，加强体育锻炼的效果，提高体育教学的质量。

使用体育器材的基本要求如下。

第一，目标性。目标性是指要紧紧围绕本节课的教学目标、教学内容使用体育器材。例如，在学习新教材时，要提供尽可能多的器材，以满足学生练习的需求。在教学比赛时，只提供比赛使用器材即可。使用体育器材时，要根据教学目标大胆创新，勇于改革，以取得最佳的课堂教学效果，但要防止背离教学目标的创新和改革，犯华而不实的错误。例如，不切实际地把生活用品甚至食物引入到体育课中充作器材就是例子。

第二，安全性。安全性是指器材的使用应充分考虑学生在练习时的安全因素。一是要考虑到器材本身的安全性；二是要考虑到器材在使用过程中的安全性。例如，器械安装要牢固且符合学生的身体要求（双杠的高、低、宽、窄等）；投掷项目要根据学生的投掷能力与水平，画好安全线和投掷线；沙坑应疏松平整；使用武术器械时要让学生保持一定的距离；等等。保证学生在舒适、安全的环境条件下，轻松愉快地进行练习，严防伤害事故的发生。

第三，趣味性。趣味性是指器材的使用要考虑到学生的兴趣、爱好，有利于激发学生对所学内容产生浓厚的兴趣。器材安排与使用要合理有序、新奇实用，使学生每堂课都有耳目一新的感觉，使他们心情愉悦且跃跃欲试，从而激起学生对体育课的兴趣。这不仅有利于学生掌握运动技能，而且还愉悦了他们的身心，促进学生身心得到和谐发展，也有利于促使学生养成自觉坚持锻炼身体的良好习惯。

第四，针对性。针对性是指根据教学的具体需要、学生的体育兴趣和爱好以及学生的身体素质和年龄特征，有目的地选择和使用体育器材。例如，要根据学生的年龄特点选择使用与他们年龄相称的球类的重量与大小；根据学生的年龄、身高等特点，确定单杠、双杠、跳箱等器材的高度和宽度；根据学生的力量情况选择合适重量的实心球、哑铃等。

第五，实用性。体育器材的使用要因地制宜、因陋就简，从实际出发，讲求实用和实效。尤其是经济欠发达地区和条件较差的高校，要最大限度地发挥现有器材的作用，并创造性地设计、制作简易"器材"。充分利用学校或学生现有条件，巧妙设计与自制器材，拓展现有器材的多种用途，为学生从事体育锻炼创造有利条件。

二、队列队形管理方法

队列队形练习是体育教学的重要组成部分，在体育教学中合理运用队列队形能有效组织、调动学生活动，有助于完成教学目标和提高教学质量。通过队列队形练习，可以培养学生的组织纪律性，增强其集体主义观念。

队列队形练习应遵循由易到难、由简到繁、循序渐进的练习原则。队列练习在教学中虽然只有短短的几分钟，但其作用和意义很大。长期坚持下去会使师生之间配合更加默契、教学衔接更加紧凑，有利于振奋学生的精神，促进体育教学水平的提高。

（一）体育课常用队列练习

1. 立正

口令："立正"。

动作方法：学生听到口令后，两脚跟靠拢并齐，两脚尖向外分开约一脚之长；两腿挺直；小腹微收，自然挺胸；上体正直，微收前倾；两肩自然下垂，手指并拢自然微屈（拇指贴于食指的第二节），中指贴于裤缝或大腿外侧；头要正，颈要直，口要闭，下颏微收，两眼向前平视。

2. 稍息

口令："稍息"。

动作方法：左脚顺脚尖方向伸出半脚，两腿自然伸直，上体保持立正姿势。稍息过久，可自行换脚，但应先恢复立正姿势，再换脚。

3. 整齐

（1）向右（左）看齐

口令："向右（左）看——齐"。

动作方法：听到口令"向右（左）看——齐"后，基准学生不动，其余学生向右（左）转头，眼睛看右（左）邻同学的腮部，并通视全线。后列学生先对正，后看齐。左右间隔一拳，前后距离一臂，身体姿势保持正直，用碎步迅速移动看齐。

（2）向中看齐

口令："以××为基准，向中看——齐"。

动作方法：听到"以××为基准"口令后，基准生左手握拳高举。听到"向中看——齐"后，基准生将手放下，其他学生按照向右（左）看齐的动作要领向中看齐。

（3）向前看

口令："向前——看"。

动作方法：听到口令后，基准生不动，其余学生将头转正，恢复立正姿势。

4. 报数

口令："报数"。

动作方法：从右至左依次以短促洪亮的声音转头报数（最后一名不转头），右列最后一名报"满伍"或"缺×名"；纵队报数时，从前向后报数，按上述报数要领进行。

体育课中，为了教学的需要，往往用指定数字报数，或几列同时报数。方法同上，但教师应事先说明，如"一至三——报数"或"各列——报数"等。

5. 集合

（1）横队集合

口令："成一（二、三……）列横队——集合"。

动作方法：教师站在预定队形中央前方，面向站队方向成立正姿势，下达口令。学生听到口令后，跑步面向教师集合。基准生首先跑到教师左前方适当位置成立正姿势，其余学生随基准生依次向左侧排列，站成指定队形，自行对正、看齐，成立正姿势。

（2）纵队集合

口令："成一（二、三……）路纵队——集合"。

动作方法：教师动作同横队集合。学生听到口令后，基准生迅速跑到教师正左前方适当位置成立正姿势，其余学生以基准生为准，依次向后重叠站成指定队形。

6. 解散

口令："解散"。

动作方法：听到口令后，学生迅速立正，离开原位。

7. 向左（右）——转

口令："向左（右）——转"。

动作方法：以左（右）脚跟为轴，左（右）脚跟和右（左）脚前脚掌同时用力向左（右）转体90度，体重落在左（右）脚上，右（左）脚靠拢左（右）脚；转体时，两腿挺直，上体保持立正姿势。

8. 向后转

口令："向后——转"。

动作方法：听到口令后，右脚前掌稍微抬起脚跟着地，左脚前脚掌着地，两腿自然伸直，上体保持立正姿势，双手紧贴两腿外侧。身体向右后方向转体180°，然后左脚向右脚靠拢成立正姿势。

9. 踏步

口令："踏步——走"。

动作方法：听到口令后，两脚在原地上下起落，抬起时脚尖自然下垂，离地面15厘米，上体保持立正姿势，两臂动作与"齐步走"的要求相同。

10. 齐步走

口令："齐步——走"。

动作方法：听到口令后，左脚迈至约 75 厘米处着地，第一步稍大而有力。重心随即移到左脚，右脚依此法行进；上体正直，手指自然并拢微屈；两臂前后自然摆动，前摆时，前臂微向里合，手约与第五衣扣同高并不超过衣扣线。行进速度每分钟约 120 步。

11. 立定

口令："立——定"。

动作方法：齐步走时，听到"立——定"口令，左脚向前大半步着地，两腿挺直，右脚取捷径迅速靠拢左脚，成立正姿势。

跑步走时，听到"立——定"口令，继续跑进两步，然后左脚向前大半步（两臂不摆动）着地，右脚靠拢左脚，同时将手放下，成立正姿势。

踏步时，听到"立——定"口令，左脚踏一步，右脚靠拢左脚，原地成立正姿势。

12. 跑步变便步

口令："便步——走"。

动作方法：跑步换便步时，听到"便步——走"口令后，动令落在右脚，继续原地跑两步，第三步两臂自然放下，换成便步走的动作。

13. 左（右）转弯走

口令："左（右）转弯——走"（原地起动则为"左（右）转弯齐步——走"）。

动作方法：听到口令后，基准学生立即向左（右）转走，其余学生逐次行进至基准学生变向的位置时，亦向左（右）转向新方向跟进。

横队左（右）转弯走时，左（右）翼第一名原地踏步，并逐渐向左（右）转动；右（左）翼第一名以大步行进，注意不要挤左（右）翼学生；其余学生向右（左）翼取齐，不转头，并始终保持规定的间隔，越接近左（右）翼的学生，步幅越小。全体转向新方向后，原地踏步再下达"前进"或"立定"的口令。

14. 行进间向后转走

口令："向后转——走"。

动作方法：口令"走"的动令落在右脚上，左脚向前一小步作为缓冲，重心在两脚之间，两脚前脚掌着地并迅速向右后方向转体180°（成右脚在前左脚在后），按口令节奏左脚迈出第一步。

（二）队列练习的教学建议

1. 提高学生练习兴趣

有的学生会感觉队列练习单调乏味，兴趣不高。这就要求教师要以身作则，严格要求，端正学生学习态度，善于发现并及时解决练习中发生的问题，正面教育、鼓励学生，提高学生的学习兴趣。

2. 采用多变的形式，取得最佳的练习效果

原地、行走和跑动中，做各种队形练习。在检查学生个别动作时，可以一个接一个或三四个学生分列做，便于教师检查和指导。

3. 多人示范

由于队列和队形练习是集体练习，以多人示范动作，才能达到示范效果。如队列练习的"左转弯走"动作，第一列四个排头怎么走，最左边和最右边同学脚步移动方法、速度、转体速度、眼睛的观察等方法是单人示范不清的。这时教师可带领第一排或充当左边排头与学生四人一起示范，使学生既能看到每个人的动作，又能看到互相配合的排面变化，产生立体直观的视觉效果。

4. 注意口令的运用

口令是教师完成队列队形练习的重要语言工具，是必须执行的口头命令。教师应不断提高口令技能的应用水平，提高队列练习的质量。

（三）体育课常用队形

1. 四列横队队形

如图 2-3-1 所示，四列横队是体育教学中最为常见的上课集合队形，无论是上课前的整队还是在教师讲解示范时，学生基本上在教师的视线范围内，有利于教师教学组织和管理，不足之处是这种队列形式的后排学生视线受到一定的限制，如果让前两排学生蹲（坐）下，就不会影响后面学生的视线，这样效果会更好。有些教师让女生站在前面、男生在后面，便于教师男女兼顾，也有的让男生站在前面、女生在后面，这种做法便于教师更好地管理男

生。具体男女生谁在前、谁在后，要根据教师个人习惯和教学管理需要来确定。

图 2-3-1　四列横队队形

2. 双列式队形

如图 2-3-2 所示，双列式队形是在四列（路）横（纵）队队形的基础上变化形成的，或者由教师直接指令学生站成规定的队形，这种队形有利于学生对教师示范讲解的观察。例如，教师讲解和示范球类项目技术动作时，两侧的学生更容易听清和看清教师所讲解的内容和动作示范，这种教学队形在教学中经常应用。双列式队形要注意两队相隔距离不能太近，一般相隔 5~6 米，如教学需要可以更大一些，否则会影响学生的视线。

图 2-3-2　双列式队形

3. 八字与弧形队形

如图 2-3-3 所示，这两种队形有共同点也有不同点。八字队形通常在教学投掷时运用较多，此队形学生不但能看清和听清教师的讲解和示范，更重要的是较为安全，学生在教师位置的两侧稍后。弧形队形在投掷教学中也可采用，但更多地是应用于跳高教学中，此队形学生可以从不同角度观察技术动作和讲解。

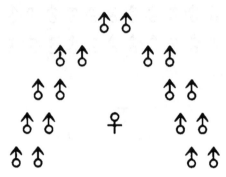

图 2-3-3　八字与弧形队形

4. 方形或长方形队形

如图 2-3-4 所示，方形队形在教学中运用得也较多，非常方便教师的教学组织，学生无论在任何位置都能看清教师的讲解和示范，也便于教师的教学管理。例如，上技巧课时，四组练习各占一个练习区域，这样教师在场地中间就可以观察到各组练习情况。长方形队形在篮球教学中较为常见，学生可沿篮球场边线和端线做各种跑动练习，也可以站在线上面向场内，做徒手操和模仿性练习，学生之间又能相互观察和交流。

图 2-3-4　方形或长方形队形

5. 圆形队形

如图 2-3-5 所示，圆形队形在教学中应用得也较为广泛，圆形队形可以增强师生间的亲和力，课中临时集中又能省去不必要的队伍调动时间。学生在任何位置都能看清教师的示范，同时，学生之间也能相互观察，而且也有利于调动学生学习的积极性和兴趣。例如，技巧课、舞蹈课就常用圆形队形，也可应用于课堂开始部分的热身活动和结束部分的放松活动。

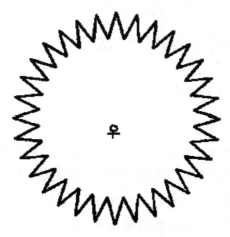

图 2-3-5　圆形队形

6. 散点式队形

如图 2-3-6 所示，散点式队形更能体现学生的自主性和教学的灵活性。教师对个别小组和区域练习组的指导、评价等运用该队形较为合适，而且具

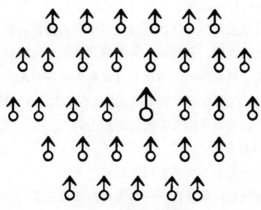

图 2-3-6　散点式队形

有灵活性。许多练习如篮球的运球练习、单个项目的自由结合以及游戏活动等，都可采用散点式队形，这种练习形式体现了学生的主体地位，有利于培养学生学习的自觉性，促进学生个性的发展。

总之，教师要根据教材、人数、教学组织和场地器材布局的需要灵活运用队形。教师要勤思考、善动脑，在平时教学中加强对学生这方面的训练，使学生明白调动队伍的意图，减少不必要的混乱，达到师生心灵相通的境界，使体育课队形真正起到为教学服务的作用。

三、运动负荷的组织与管理方法

（一）体育课的生理负荷与心理负荷

1. 体育课的生理负荷

（1）量和强度是构成生理负荷的两大因素。负荷量是指有效练习总的时间、总的次数、总的距离、总的重量等。负荷强度是指练习对机体刺激的程度，具体表现为做练习时用力的大小或者做练习时机体的紧张程度。在一般情况下，强度对机体的刺激敏感性更强些，在安排与调节负荷时，既要注意负荷量，更要注意负荷强度。负荷量与负荷强度的关系是对立统一的，它们共同构成生理负荷的总体，一般来说，两者之前成反比关系，即负荷量很大时，负荷强度应减小；反之，负荷强度较大时，负荷量应减小，其中时间长短是一个重要因素。

（2）内部数据与外部数据是生理负荷的两个层面。学生做完身体练习之后，心率、血压等都会发生变化，测得这些变化的数据，称为负荷的内部数据，而学生做练习的次数、总时间、总距离等，则称为负荷的外部数据。对于同一个学生来说，负荷的内部数据与外部数据是相对的。在不同条件下，负荷外部数据相同，内部数据可能不同，反之也如此。在安排和分析负荷时，既要考虑外部数据，又要考虑负荷的内部数据。

2. 体育课的心理负荷

心理负荷量值的大小取决于下列因素。

（1）生理负荷的心理承受度——学生对外部负荷练习和强度（强度、密度、数量和运动项目的特性）的心理承受程度。正向反应心理承受度高，而负向反应对高强度负荷产生消极心理。

（2）艰险动作的心理无畏度——运动练习的难度和危险程度，对学生心理所施加的精神压力，自我所产生的无畏、抗拒的能力。正向反应是勇敢无畏；而负向反应则是对艰险技术动作产生恐惧心理。

（3）教学环境的心理适应度——学生对体育教学的自然环境、场地器材等设置的适应程度。正向反应是适应度高；负向反应则是对不良的体育设置产生厌恶心理。

（4）教学方法的心理满意度——学生对教师的教学方法、组织方法和手段的心理满意程度。正向反应是满意度高；负向反应则是产生厌烦心理。

（5）人际关系的心理相容度——体育教学过程中人与人的互相关心和相互理解。正向反应是心理相容度高；负向反应则是对不良的人际环境产生相斥的心理。

（6）考核标准的心理激励度——指考核和达标制定的标准，形成一种条件激励的心理环境，其效应是对学生心理所产生的激励程度。正向反应是激励度高；负向反应是激励度低，易产生淡漠或心理负担。

（7）注意的集中度——注意是指心理活动对一定事物的指向集中。正向反应是注意集中；负向反应则是注意分散。

（8）意志的努力度——意志是人自觉调节自己行为去克服困难，以达到预定目的的心理过程，是人的意志能动的表现。正向反应是意志努力程度强；反之则弱。

（9）情绪的活跃度——情绪是机体需要所产生的心理体验。正向反应是情感活跃；负向反应是情绪低沉。

（二）体育课密度

1. 体育课密度的概念

体育课密度（亦称一般密度、综合密度）是指一节课中有效利用的各项教学活动、教学辅助活动的时间与上课总时间的比例。有效利用的教学活动和教学辅助活动包括如下方面：直接用于学生学习掌握体育知识、技能，发展身体、教育学生的活动（如教师的指导，包括教师的讲解、示范、演示、纠正错误、个别指导）；学生实际从事运动动作的练习；学生的自练、讨论、分析,互相观察与帮助;练习时必要的等待和练习后的休息;组织教学活动(包括整队、调动队伍、交换场地,搬运、安装、分发和收回器材等)。上述五项活动中某项活动运用的时间与总课时之比为该项活动的专项密度,如学生实际从事练习的时间与总课时的比例为练习密度。

(1)练习时间。凡是课中有目的地学习掌握、巩固提高技术、技能,提高身体素质,提高运动能力的练习时间,通常均可算作练习时间,具体判断标准应根据教材和组织教学的特点加以确定。在我国体育教学实践中,一般是参照下列判断标准。

① 基本体操:如果是先讲解示范后练习,学生做动作算练习时间,如果是边讲解示范边练习,整个过程算练习时间;跳绳、攀登和爬越,负重搬运和角力,从练习开始到结束都算练习时间。

② 器械体操:从开始姿势到结束姿势均算练习时间。如教师明确要求用跑步出入队列也算练习时间。

③ 跑:从预备姿势开始到终点缓冲结束均算练习时间。如果要求跑、走跑交替归队也算练习时间。

④ 跳跃:从开始姿势到离开沙坑或垫子等均算练习时间,归队同"跑"的要求。

⑤ 投掷:从开始姿势到投出器械后身体恢复正常姿势均算练习时间,出入队列同"器械体操"的要求。如要求跑步捡回投掷器材也算练习时间。

⑥ 球类、游戏:单个动作教学,从动作开始到结束均算练习时间。球类教学比赛与集体游戏,原则上整个过程都算练习时间,如果因为犯规,教师讲解、示范,学生站着不参加活动,应酌情扣除或不算练习时间。

⑦ 武术:无论是动力性动作还是静力性动作,从动作开始到结束均算练习时间。

⑧ 队列练习:专门的队列练习,凡是按口令要求做的动作均算练习时间;组织教学中,教师安排学生跑步取送器材、变换练习场地也算练习时间。

⑨ 循环练习:原则上整个过程都算练习时间,如果出现中断则应酌情扣除练习时间。

(2)指导时间。凡是教师有目的地运用讲解、示范、演示、分析以及个别指导等方式,指导学生学习掌握、巩固提高体育知识、技能的时间均算指导时间。一般是从开始讲解、示范、演示、分析一直到结束，均计为指导时间。

（3）分析与帮助保护。凡是学生用于进行自学、互相观察、分析讨论、互相帮助保护的时间均计为分析与帮助保护时间。

（4）组织措施时间。凡是课中整队、调动队伍、交换场地、搬运、安装、分发和收回器材等的时间一般都计为组织措施时间。但是，如果教师有意识地通过跑步或其他放松练习方式调动队伍、收回器材等，可计为练习时间。

（5）休息时间。凡是练习后教师有意识地安排学生休息，或一次练习后等待下一次练习，即一次练习后直到下次练习开始的时间均计为休息时间。课中不合理的时间是指消耗在与教学和教学辅助活动无关方面而浪费的时间，包括晚上课、早下课，课前准备不充分或课中教具的损坏，以及教师擅离教场地导致课中教学活动中断等。合理地组织体育教学活动，是可以避免浪费时间的。

在我国的体育教学中，比较合理的体育课密度比例一般如下：教师指导占 15%～20%；学生实际从事体育练习占 30%～50%；学生分析与帮助保护占 5%～15%；组织措施占 10%～15%；休息占 12%～25%[①]。这些只能做参考，不可照搬。因为体育教学中，教学目标、教学内容、学生条件、教师经验以及教学环境等各有不同，所以在具体分析一节体育课的密度时，要根据一定的教学目标、教材性质、学生人数、场地器材、气候条件等具体情况，实事求是地进行分析。

研究课的密度是当前体育教学中比较容易进行的一种定量分析的方法。因此，它对于如何有效地利用上课时间，检查课中存在的问题，提出改进的方法，不断提高课的教学质量都有重要意义。

体育课的密度包括一般密度和练习密度。在日常体育教学中我们主要测定练习密度（又称运动密度），练习密度的测定方法简便易行，又最能直接反映体育课的教学特点和学生锻炼效果，对提高体育教学质量影响较大，因此是教科研人员评定体育课教学质量的方法之一。

2. 体育课练习密度的控制

体育课各部分活动时间分配不能机械地规定出固定的时间比例，应从这

---

① 孙梅. 2013 年国家教师资格考试考点精析与强化题库　体育与健康学科知识与教学能力　初级中学［M］. 北京：首都师范大学出版社，2013.

节课的教材特点和教学目标出发进行预设。以学生练习的时间为课的主要成分，教师要精讲多练，减少不必要的教学环节，力争学生做练习的实际时间能达到30%～50%（即练习密度）。体育课运动负荷量不但与练习密度直接相关，而且与强度的大小有密切联系，切不可盲目追求练习密度。课的练习密度是否合理，各项活动时间的相互关系如何，应根据本课教学目标、教材内容和学习对象的特点以及场地器材、气候条件等方面而定。在安排与调节课的密度时，应注意以下几点。

（1）认真备好课是完成教学任务的基本保证。教师在钻研教材的同时要对学生身体状况进行全面的了解，万万不可为了追求练习密度而不考虑学生的情况。应根据教学目标和教学条件等，合理地确定与安排各项活动的时间。如新授课，教师指导的时间应相对多些，学生做练习的时间就相应地少些，复习课则相反。

（2）改进教学方法和组织形式。教学方法要具有多样性和灵活性等特点，充分利用一节课进行有效的课堂教学，充分发挥学生自主学习的积极性和主动性。教学组织应尽量减少不必要的组织措施和队形调动。场地器材的布置要便于教学，器材尽量做到一物多用。

（3）在教育学生自觉维护课堂纪律的同时，又不失对其学习兴趣的提高和积极性的发挥，学生的个性发展应建立在教育目标的发展之上。要促使那些积极性较高的学生发挥体育骨干分子的作用，以便帮助老师做好教学小助手的工作。

（4）教学计划性和灵活性。课堂教学的设计是根据教材和教学目标预设的，在实际教学过程中可能会与原教学方案发生不协调的现象，一些隐蔽的问题会随着教学的深入开展而逐渐生成，这时就需要教师灵活调整原先设计好的教学方案，力求教学目标更好地完成。

（三）体育课练习强度

1. 体育课练习强度的概念

强度是指单位时间内完成的练习对人体生理负荷的影响，是由练习的数量、时间和难度因素决定的。例如，50米跑练习要求一节课跑6～8次，虽然次数不多，但强度较大；在单、双杠教学中，由于难度较大，学生心理负担程度远大于其他项目。所以课的练习强度大小与练习次数、时间和难度都有着密切的关系，教师在授课中不可盲目强求统一。

2. 体育课练习强度的控制与调节

体育课练习强度的大小是受练习次数、时间和教材难易度影响而定的。过去评价一节课的好坏主要从运动生理指标来确定，新课程改革以来，虽然不再强调以生理指标衡量一节课的优劣，但就课程性质而言，体育与健康课程是一门以身体练习为主要手段、以增进学生健康为主要目的的必修课程。所以，没有一定练习强度和运动负荷的体育课是达不到锻炼身体的目的的，但是练习强度过大又会影响学生身体健康发育，因而要合理安排练习强度。在合理安排练习强度时，应注意以下几点。

（1）认真备课是完成教学目标的关键。只有深入研究教材，了解学情，合理预设教学各部分练习时间、次数和要求，才能更好地完成教学目标。器材数量和高度都要根据教学需要做相应的增减（数量）和调整（高度），不可千篇一律地要求每个学生，应因人而异、有所区别。

（2）不同教材内容应采用不同的教学手段，对于难度较大的教材，要适当控制练习次数和增加休息时间；对于难度较小的教材，可适当增加练习次数和减少休息时间。例如，单、双杠练习由于用上肢来支撑身体的重量，而且是在一定的高度位置完成动作，上肢手臂和心理负担都较重，应减少练习次数，增加间歇时间，讲究动作质量。

（3）体育教学应区别于竞技体育训练，在体育教学中，其练习强度应该比竞技体育训练的强度低，要依据学生的身体素质情况合理安排。如果不考虑诸多教学因素而一味地增加强度，反而会影响教学的进行，还可能发生一些不可预测的安全隐患。所以，在预设练习强度时教师应全面考虑各方面的因素，科学安排练习强度，以保证学生身心健康发展。

3. 体育课运动负荷的检查和评定

一堂体育课运动负荷的安排是否合适，要通过实践来检验和评定。通常采用观察法、自我感觉法、生理测定法检验和评定课的运动负荷。

（1）观察法。这是教师在课中常用的一种方法。主要是观察学生的呼吸、汗量、脸色、表情，以及完成动作的质量、动作的准确性、控制身体的能力和做练习的积极性等，发现运动负荷过大时应及时调整。

（2）自我感觉法。这是教师在课后或课中了解学生对课的主观感觉来判断运动负荷大小的一种方法。自我感觉包括饮食、睡眠、肌肉酸痛程度、情绪和练习兴趣等。课后若无任何，则反应是运动负荷过小；饮食增加，睡眠香甜，肌肉有酸痛现象，经短期休息后即消失，精力旺盛，则运动负荷适当；食欲减退，睡眠不充分，全身疲倦无力，肌肉酸痛难受，并伴有恶心、头昏之感，则是运动负荷过大。

（3）生理测定法。这是检查、评定课的运动负荷最客观的方法。它包括脉搏、血压、呼吸频率、肺活量、吸氧量、体温变化、尿蛋白、血糖等的检查和评定。但此方法比较复杂，在大学体育课中不宜进行。因此，国内外通常用课中心率的变化情况来检查和评定课的运动负荷是否恰当，被称为脉搏测定法。

最适宜的心率是多少？大学体育课的合理心率应该控制在什么范围内？国内和国外都进行了广泛的研究和探讨，也提出了许多评定运动负荷的指标和方法。但是由于世界各国的情况不同，就我国来讲，各地区的情况也不一样，人与人之间也存在一些差别，因此，不可能有一个共同的绝对指标，应该根据本地区、本学校学生的实际情况而定。

四、教学秩序的组织与管理方法

（一）明确维持纪律与课堂管理的要求

1. 建立和一贯执行必要的体育课堂教学常规

为了使学生能较好地配合体育教师参与体育学习活动，在教学之初，教师就要向学生明确宣布要求学生做的和不允许做的行为要求，为了维持良好的课堂教学秩序，体育教师要防患于未然，尤其是刚刚开始上课的时候，一定要狠抓课堂常规的执行，待学生逐渐适应并形成习惯后，再使学生具有更多的灵活性。

2. 及时妥善地处理课堂上的违纪行为

当学生在学习过程中出现违纪行为时，教师必须迅速作出反应并根据实际情况及时做出正确的处理。一般来讲，如果一个学生只是消极地完成学习任务，教师不必立即公开处理，可采用沉默、皱眉、走近等方法处理。如果一个学生的违纪行为具有故意性质且已明显干扰到整个教学过程，教师必须立即处理，并按情况采取提示、暗示、制止，甚至惩罚的方法。如果学生是为了吸引教师的注意而出现违纪行为，教师可以用不予理睬或语言暗示来处理。总之，在处理学生的违纪行为时，尽量不要中断教学的正常进行，尤其是不要频繁地中断教学来处理个别学生的违纪行为，这样可以有效地保证教学的时间和效率。

3. 正确运用奖励与惩罚的手段

为保证教学的顺利进行，在课堂上运用奖励与惩罚的手段是必要的。奖励积极性的行为是维持课堂纪律最有效的方法之一。俗话说："罚其十，不如奖其一。"当学生的积极性行为得到奖励后，这种行为将得到巩固强化并起到良好的示范作用。体育课中的奖励方式通常是非物质性的，如口头赞扬："真不简单"，"大家看，××同学做得很好"，或给一个满意的、赞许的目光和微笑等。同时为了维持课堂纪律，恰当而灵活的惩罚也是必要的，惩罚是体育教师发现课堂上学生有违纪行为时采取的一种措施和方法。惩罚的目的是制止学生的违纪行为。因此，任何一名体育教师在进行惩罚时，都不应该带有偏激行为，更不应该进行人身攻击，要客观公正、严明有力，要使包括受处罚学生在内的班级所有学生都能心服口服。

（二）制定科学合理的评价体系

随着体育课程教学改革的不断深化，我国学校体育从教学思想到教学模式、从教学内容到教学组织形式，都发生了深刻的变革。这个变革迫切需要建立和完善与之相适应的体育教学质量监控保障体系，然而，多年来我国学校体育教学质量评价的改革一直是一个薄弱环节，在教学质量评价的实践中，还存在诸多矛盾和问题，导致无法通过教学质量评价最终达到教学质量持续优化的目标，这严重制约了体育课程改革的整体成效。为此，随着体育教学改革的不断深入和发展，特别是"健康第一""终身体育"教育思想的提出，深入开展体育课教学质量评价问题的研究，对于推动体育教学改革、提高体育教学质量、加强体育教学管理具有重要理论与现实意义。在对学生的评价中，要注重学生的过程评价，注重学生的努力和参与程度，淡化竞技成分，这样可以有效激发学生的学习积极性。

（三）善于运用情感感染的手段

体育教师要以亲切的态度去讲解知识；以优美的示范去感染学生；以关心、信任的态度去聆听学生的提问；以关心、热情的态度去帮助学生；以敏感、灵活的态度对待偶发事件，使学生在学习过程中感到亲切和温暖，得到鼓励、帮助。这样的课堂才能充满欢快和谐的气氛，才能实现师生之间的情感认同和沟通，实现师生之间的情感共鸣，使体育教学有效进行。

五、教学信息的组织与管理方法

（一）在不同的教学目标下的不同课型中，讲解和练习的比例不同

首先，在新授课中，教学任务以学习新技术为主，教学的组织应以讲解和示范为主。讲解有引导性讲解、叙述性讲解、说明性讲解等；在新授课中，学习与练习都要求精确，练习的量要服从学习的需要，不是越多越好。练习种类主要有尝试性（体验性）练习、模仿性练习、对比性练习等。

其次，在复习课中，教学任务以熟练技能为主，教学的组织应以练习和素质锻炼为主。在复习课中，讲解是有针对性、画龙点睛性的，讲解量不能很大。

再次，在探究课中，教学任务是发现和探究问题，明白道理，因此围绕发现问题的引导性讲解是很重要的。教师与学生之间的问答也是很多的，练习则是尝试性的、验证性的、体验性的，练习量不能很大。

最后，在活动和锻炼课中，教学任务是身体的发展，讲解只是提醒性和指导性的，而练习的量是最重要的因素，要有较大的练习量。

（二）在不同任务的不同课堂教学阶段中，讲解和练习的比例不同

首先，在课的开始部分，教师主要采用简明扼要的讲解方式向学生说明本次课的任务，并根据本次课的教学目标安排准备活动。此阶段教师的讲解相对较少，而准备活动则需要有必要的练习量。

其次，在课的基本部分的前半部分一般是技术学习，此阶段的讲解比较重要，而练习则是模仿性的、尝试性的，练习量不是很大；在课的基本部分

的后半部分一般是技术的熟练，此阶段的练习比较重要，而讲解则是针对性的、画龙点睛性的，讲解量不是很大。

最后，在课的结束部分，教学任务是使学生身心得到放松和进行总结。在身心放松阶段以放松性身体活动为主，在总结阶段则以教师的讲评为主。

（三）在学习不同的教学内容时，讲解和练习的比例不同

有的体育教学内容技术性不强，但活动性强，如长跑；有的体育教学内容活动性不强，但技术性强，如体操和武术。因此，在从事不同的教学内容时要根据教学内容的特点，很好地处理讲解和练习的关系。

第四节　现代体育课堂教学组织与管理的案例与分析

一、较好的体育课堂教学组织与管理案例分析

（一）教学案例：看谁滚得圆

学习内容：前滚翻。

学习目标：通过学习掌握前滚翻技术动作，锻炼身体协调性，培养学生积极思考、大胆探索的精神。

场地器材：体操垫四床。

教学步骤：

第一步，教师启发学生积极思维，回忆滚翻要点。

教师提问设疑："我们在日常生活中，碰到什么样的情况需要我们做出滚翻动作？"让学生去思考、回忆，然后举手发言。

请学生作答，发现几种应回答几种。

教师总结归纳：说明在生活中，当人们突然摔倒时、从高山滚下时、身上着火时、躲避危险时等，均会做出向前滚翻的动作。

学生认可后，教师再启发向前滚的动作要领，即团身低头，快速前滚。

第二步，分组练习，女生两组，男生两组，并指定体育骨干保护帮助。

第三步，教师照顾全局，重点指导。

第四步，教师讲评，请学生表演，进一步明确滚翻要领。

（二）评析

1. 设疑导入，启发学生积极思维

前滚翻是学生从小就见过的动作，都有一定的感性认识，对此，教师所设计的提问既要简单明了，又要贴近生活实际，利用日常生活中的知识、经验，启发学生积极思考，进而使学生较快地掌握前滚翻的技能。

2. 从发现到学习，从被动到主动

本课的另一特点是运用启发与发现相结合的教法来引导学生对前滚翻进行思考，通过思考学生会发现，在不同的情景中滚翻的动作是有差异的，如从山坡上滚落时，应横向滚动，尽量减速；摔倒时应是一侧着地的滚翻；等等。学生对前滚翻动作在生活中的意义有了深刻的了解，从而提高了对该动作学习的积极性，使学习由被动转向主动，改变了过去教师讲解、示范，学生机械模仿的传授式教学。

3. 师生互动，教学组织形式灵活

本课在教学组织方面，设计了师生互动的情境，以学生为主体进行教学，注重学生综合能力的培养，如课中安排体育骨干进行保护帮助，让学生积极参与到教师的角色之中，加强了学生之间的交流，并请完成较好的学生进行表演，增强其表现欲望。课堂中教师和学生积极配合、相互指导、共同提高。

二、较差的体育课堂教学组织与管理案例分析

（一）教学案例：篮球胸前传接球

教学内容：篮球—双手胸前传接球技术。

学习目标：初步掌握篮球胸前传接球技术，提高身体素质。

场地器材：篮球场一块。

教学组织过程：

（1）准备活动。

第一步，突出腿部的热身练习，如弹腿练习、柔韧练习。

第二步，贴人游戏：围成一圈，选出两个学生，其中一个追逐另一个，

被追的一方可以贴在其他人前面，更换。要求追逐人用手去碰触对方，若捉住，两人交换位置，继续游戏。

（2）复习上节课内容（运球）。

（3）学习胸前传接球技术。

第一步，教师示范胸前传接球技术。

第二步，教师讲解胸前传接球技术要领。

第三步，学生分组练习，教师指导。

（4）结束部分（两人一组进行放松）。

（5）课后小结。

（二）评析

第一步，学习目标没有体现新课程的基本理念。

第二步，课堂教学缺乏精心组织与管理。

第三步，没有体现学生学习的主体性，学生被动接受，缺乏积极参与和思考。

第三章 现代体育教学思想观念体系的改革与发展研究

本章主要介绍现代体育教学思想观念体系的改革与发展研究，主要从四个方面进行了阐述，分别是我国高校体育教学思想的演变，现代教育理论对体育教学思想发展的影响，现代三大体育教学思想以及现代体育教学思想的整合、引领与发展。

第一节 我国高校体育教学思想的演变

我国高校体育教学思想的演变经历了漫长的过程，大体可以划分成以下几个阶段。

一、中华人民共和国成立初期的体育教学思想

在中华人民共和国成立之初，我国经济基础并不强大，为发展国家经济、保家卫国，这一时期的学校体育教育所订立的根本目标就是为国家培养体魄健壮的社会主义建设者。这一时期的学校体育教育存在着两项重要的教育内容，分别是军事思想和军事技能，促使当时的体育教学的内容以极为丰富的形式表现出来。此外，军事体育教育的部分内容还填补了教学环境中的空白。这些体育教育内容不仅满足了学生身心发展的需求，还为他们以后学习军事知识打下坚实基础。概括地说，就是中华人民共和国成立初期，军事教育在学校体育教育中成了一个重要组成部分。在当时，无论在体育教育思想上还

是教学内容上,都已表现出了鲜明的特点,它是与当时社会发展条件和学校教育状况相适应的结果。

二、竞技体育思想的形成

不管是小学、中学、业余体校还是高校,竞技体育思想在很早之前就已经发展成了重要的教育内容。对于高校体育教育来说,也延续了中学体育教学的思想与内容,竞技体育的特色被继续保留,很多情况下人们只要听到"体育"两个字就会立刻想到竞技体育。由此可知竞技体育思想占据的重要位置。在我国体育教育持续发展的过程中,竞技体育确实在提高我国国际影响力方面发挥了很大的推动作用,使得我国逐步发展成了一个体育大国,同时也推动着体育强国目标的实现。

三、改革开放初期体质健康思想的确立

改革开放后,随着各项事业的改革与发展,我国的高等教育也迎来了新的发展机遇与挑战。1979 年,《学校体育卫生工作暂行规定》颁布,其确立了学校体育在整个学校教育中的地位,指出体育教育是学校教育不可或缺的重要组成部分。

陆续出台的文件和措施大大拓宽了我国体育教学的目标,推动身心健康、提高心理素质等被相继增设到体育教学目标体系中,充分适应了我国改革开放初期高等教育的发展需求,进步幅度很大。

四、深化改革阶段素质教育指导思想的形成

20 世纪 90 年代,我国正处于改革开放迅速发展时期,该时期采取的改革措施与发展措施对我国社会各项事业的发展产生出强大推动力,学校体育教学改革也是如此。分析这个时期的特点可知,学校体育教学改革的深度在不断加深,先后出现了体育教学、课外体育活动、体育比赛等多种改革模式,这为我国体育教学发展进程注入了强大的推动力。经过多年的不断努力,我国高校体育教学已经大体上产生了以素质教育为重要目标,更加宽泛的体育教学体系。

体育教学实施素质教育,是新阶段"德智体美劳全面发展"的基本教育

方针的传承和发展，若是基于理论层面与实践层面进行研究，我们能够明显发现，素质教育深刻地影响着我国体育教育的发展。

五、现代"终身体育""健康第一"指导思想的形成

近年来，我国大学生的体质健康情况不尽如人意，大学生的体质表现出了逐年下降的趋势，这就要求我国高等学校体育教育必须不断改革，从而解决这些问题。针对这种情况，"健康第一"的教学指导思想获得了体育部门和教师的肯定与支持。例如，教育部制定了《学生体质健康标准》，以此来准确检测和评价学生的体质健康，这在发展学生体质水平方面具有很大的积极作用。此外，对于素质教育的促进与发展也产生了不可忽视的作用。到目前为止，"终身体育""健康第一"这一现代体育教学指导思想已先后得到确立，逐步发展成为高校体育教学工作的核心纲领。

第二节　现代教育理论对体育教学思想发展的影响

现代教育理论内容丰富，为深入阐析现代教育理论对体育教学思想发展产生的影响，本节以建构主义学习理论为例，全面分析建构主义学习理论对体育教学思想发展所产生的具体影响。

一、建构主义学习理论的概念

人在原先已有的认知结构的基础上，通过学习将外界环境中的信息整合到原有的认知结构中，从而引起自身认知结构的改变，形成一种全新的认知结构，这就是建构主义的过程。人们所具有的已有认知结构是人们进行认知的基础，它是一种思考和理解方式，对人们的认知活动产生着重要影响。在不断吸纳新的外界信息的过程中，人类的认知结构也在不断形成与发展。同化、顺应、平衡是影响人类认知结构的三个重要过程。同化是指在学习的过程中，个体对所输入的刺激进行过滤或对其进行改变的过程。换句话说，同化就是个体感受刺激时，把这些刺激融入头脑原有的图式中，并尽可能让这些刺激成为其中的组成部分。顺应是指在学习中，个体通过改变原有图式或形成新的图式来适应新刺激的认知过程，以更好地适应外界环境。平衡是指

个体在学习过程中借助于自我调节来推动自身认知由平衡状态逐步发展并过渡到其他平衡状态。

二、建构主义学习理论的特征

（一）探究性特征

站在探究性层面展开分析，建构主义学习理论的作用尤为突出，对学习过程的起始阶段与末尾阶段都有着深远意义。有学者主张，学生是教学过程的主动探究者。教师应当努力创设良好的情境，为学生独立探究和独立思考问题提供方便，促使学生成为知识获得过程中的参与者，从而使学生自身建造一个活的小型藏书库，那种直接提供给学生现成知识的做法是不被提倡的。从整体展开分析，学生应当主动探究知识，被动接受知识的情况是不被提倡的。

（二）情境化特征

在传统体育教学过程中，学习的过程往往会出现与特定教学情境相脱离的情况。这种类型的体育教学往往只可以应对考试，但无法把已经掌握的知识运用到复杂的真实情境中并有效解决各种实际问题，最终导致"高分低能"的情况发生。由此可知，建构主义学习不仅要把知识表征的多元化问题摆在重要位置，也要增强各类知识表征间的具体联系，还要把知识表征和多样化情境密切联系起来。

（三）问题导向性特征

建构主义学习理论非常注重学生学习过程中的问题导向性，具有一定的问题导向性特征。这一理论主张学生在学习的过程中提高发现问题与解决问题的主动性，在这一过程中，学生不仅能够积极探索并思考解决问题的各种策略，还能够学习到其所应该掌握的各种知识。对于整个教学过程来说，教师主动指导与启迪学生对有关问题的探究意识，以此来触发一系列学习活动，学生在整个过程中的学习主动性会有所增强，其独立解决问题的能力也会得到有效培养。

（四）社会性特征

社会性也是建构主义学习理论重要的特征之一。在这一理论指导下，可以根据学生发展的社会源泉、社会文化中介以及心理的处理和加工等来促进知识的内化，开发各种以现代网络技术和计算机技术为载体的多种学习方法，进一步突出其学习模式的社会性。

需要重申的是，要想提高完成各项教学任务的效率与质量，充分反映社会性学习作用，在学习过程中往往会采取学生、教材、计算机技术等互动的方式来达到对应目标。

三、建构主义学习理论对我国体育教学思想的影响

多项实践证实，建构主义学习理论对我国学校体育课程的改革效果有着重要作用，这种影响在体育课程实践和体育教学思想两个方面表现得尤为突出。

（一）建构主义学习理论对我国体育课程改革的不适应性

建构主义学习理论认为，在体育教学过程中，学生对各种知识的学习并不是被动接受的，而是学生主动吸收与学习的过程。与其他学科不同，以身体练习为手段，以运动技能为教学内容是体育课程的主要特征。在体育教学过程中，各体育运动项目之间是一种并列平等的关系，因此它是不同于由简到繁的逻辑认知的。体育运动的学习过程是对自身身体不断认知的过程，通过对相应技术动作的模仿与重复，从而初步掌握相应的动作技术。分析体育课程教学可知，绝大多数动作技术与技能结构都比较好，因而多数情况下都可以被模仿、被重现。在动作掌握的粗略阶段，如果无法保证动作讲解、动作示范、动作练习等客观呈现的正确性，则学生将无法借助于这些客观呈现来构建出正确的条件反射，这将不利于学生形成良好的学习动机，有时还会让学生出现本可以避免的运动损伤，最终致使体育教学趋于无效。

在我国体育教学改革不断深入的背景下，建构主义学习理论在我国体育教学过程中的重要性越来越显著。但在体育教学实践中，人们对建构主义学习理论形成的错误认知也有很多。一些人指出，在改革体育课程的过程中，推行新课程对传统接受式学习方式的否定将会被学生"主体意义建构"所取

代。美国教育学家杰罗姆·布鲁纳（Jerome Seymour Bruner）曾推行"发现式学习"，最终未能成功，部分学者对其失败原因展开了全面剖析与研究，随后指出，学校需要完成的关键任务是向学生传递相对应的人类文化知识，而学校中最基本的学习方式就是有意义地接受学习。有意义地接受学习是一个主动学习的过程，具体是指学生自觉选择、整合、内化教师传授的知识，同时把掌握的新知识增加至已经形成的认知结构中，由此对学习的新知识进行深入的理解与全面掌握。

（二）建构主义学习理论对我国体育课程改革的适应性

建构主义学习理论提出了三个观点：首先，学生的学习过程并不是教师直接把知识灌输给学生，而是有效激发学生的热情和自觉性，推动学生自觉学习；其次，学习并不是学生独立完成各项任务的过程，而是学生在学习过程中密切协作、密切沟通、构建知识的过程；最后，学习并非学生完全迁移周围世界，而是在联系已经具备的知识经验的基础上探究新知识的过程。这三个观点着重说明了"自主""合作""探究"的重要性。由此可见，站在某种角度来说，我国体育教学过程中推行的自主学习法、合作学习法、探究学习法都把建构主义学习理论当成了重要基础，这表明建构主义学习理论有效拓宽了我国教育工作者研究学习方法的视野。

在我国高校体育教学过程中，学生应正确应用"自主、探究、合作"的学习方式，不断提高自身自主学习的能力，激发创新与探索的潜能，培养团队的协作意识。同时，建构主义学习理论对教师也提出了一定要求，要求教师不应只扮演知识的传授者和引导者，还要扮演更加多元化的角色。因此，实施新课程改革的重要环节就是实现教师的专业化发展，并促进教师职业的不断成长，从而适应新课程改革的要求。在改善学生的课堂地位方面，建构主义学习理论起到了极大推动作用。从具体实际来看，阻碍我国基础教育改革的重要因素之一就是学生主体地位的缺失。在这种教学理论的指导下，学习的中心已变为学生，他们从被动的接受者转变为了主动的学习者。在学习中，学生往往会对各个方面的外界信息进行"加工"，然后完成相应意义的主动构建。而要想在体育教学过程中深入挖掘和发挥学生的主体性作用，需要注意以下几个方面的问题。

第一，为了更好地实现知识的学习，应用探索法和发现法对知识的意义进行构建。

第二，在意义建构的过程中，学生要对相关的信息资料进行主动的搜集与分析，并根据所要学习的问题提出各种合理的假设，进而验证所提出的假设。

第三，学生要将当前所学内容反映出的事物与自己已经了解和掌握的事物之间建立联系，并对这种联系进行必要的思考。

第三节 现代三大体育教学思想

一、"健康第一"教学思想

（一）"健康第一"教学思想的提出

1950 年，毛泽东首次提出了"健康第一"的思想，旨在改变当时学生负担太重、健康水平日益下降的现状，他指出："各校要注意健康第一、学习第二。"[①]中华人民共和国成立初期，党和国家高度重视青少年学生的身体健康。国民素质教育、国民体质教育、青少年儿童健康教育是当时体育发展的首要问题。

20 世纪 90 年代的"健康第一"指导思想与 20 世纪 50 年代的"健康第一"教育思想有着本质的不同，这一时期的"健康第一"主要是对素质教育的诉求，是一种多样化与复合型的新型体育思想，强调体育教学的"以学生为本"理念。

而进入 21 世纪后，我国对学生在体育教学中的全面发展投入了更多注意力，教育部和体育部在 2006 年共同发表了《关于进一步加强学校体育工作，切实提高学生健康素质的意见》，中共中央也颁布了《关于开展全国亿万学生阳光体育运动的通知》[②]。

在现阶段，我国学校体育的指导思想应当是"健身育人"。当"健身"和

---

① 康娜娜. 新中国成立以后我国学校体育思想的嬗变及其发展研究 [D]. 徐州：中国矿业大学，2014.
② 陈玉忠. 关于我国青少年体质健康问题的若干社会学思考 [J]. 中国体育科技，2007（6）：83-90.

"育人"被有机结合到一起后，方可把体育的教育本质表现出来，方可让学校体育与学校的其他课程一同系统地、全面地实现学校教育"健康第一"的目标。

（二）"健康第一"教学思想的依据

1. 健康教学思想符合世界发展潮流

1948 年，世界卫生组织指出，健康状态应当是没有疾病并维持身体、精神以及社会三方面的良好适应，立足于身体、心理、社会三个层面来定义健康。随后，世界各地健康教育的开展情况表现出了良好的势头。

为了与世界卫生组织提出的健康指导思想维持统一，"健康第一"的体育教学思想在我国也被提出。1990 年 6 月，我国教育部和卫生部首次联合颁发了《学校卫生工作条例》，正式借助法律形式把健康教育纳入到学校教学计划中，为体育教育与健康教育的改革和发展做出很多尝试。打破了以往单一的竞技体育与单方面追求金牌的模式，使得群众性体育活动的领域得以拓展；采取多种方式吸引学生自觉参与体育锻炼以及多种类型的健身活动，密切关注学生的生理健康和心理健康，使得健康教育的发展速度更快、整体发展情况更平衡。第三次全国教育工作会议明确指出，青少年为祖国、为人民服务的基本前提是拥有良好的身体素质。

如今，体育课程深受重视，中小学基础教育阶段和高等学校教育的体育教育工作都对此做出了相应调整，不管是哪类学校，都要严格遵循"健康第一"教学思想的指导，密切分析学生身心健康与世界体育教学的发展走向是否吻合。

2. 健康教学思想适应了社会发展的需求

在社会大力培养和发展人才、社会不断影响人们日常生活的背景下，人们对于健康教育的思考和认识更为深刻，越来越多的人开始密切关注"健康第一"。

一方面，当今社会的持续进步不只是向人们提供了很多便利，对人们的日常生活也产生了潜移默化的影响，当前很多"文明病"对人类的健康都产生了很大侵害，在体力劳动逐年减少和饮食质量逐年提高的双重影响下，包括学生在内的很多群体的体力活动都不断缩减，身体机能呈现出了不断衰退的趋势。另外，在过多摄入动物脂肪、高蛋白、糖类等的情况下，现代"文明病"出现在很多人身上。目前我国学生的营养正常率并不理想，营养不良和低体重学生的比例较高，学生超重和肥胖现象也越来越普遍，近视率也与日俱增。对于这些情况，我们要深刻认识到它的严重性。因此，重视对学生的体育教学、改善学生体质是一个重要的社会课题。学校要总结经验与教训，全面贯彻党的教育方针，加大学校体育工作的力度，普及全民健身和卫生保健等科普知识，广泛关注学生健康及体育卫生。学生主动参与体育健身活动不仅能够达到强身健体的目标，还有助于抵御各种疾病，对学生的智力发展也有着积极作用，对国家和广大群众都有积极影响。

另一方面，随着社会科学技术的持续进步，国与国之间有关国家综合实力方面的较量越来越尖锐，而从根本上说，这方面的竞争主要就是专业人才和劳动者素质方面的较量，这种情况对我国教育而言是机遇，亦是挑战。我国要想在国家综合实力的竞争中占据优势，就必须造就大批技术过硬的专门人才。而且培养出来的专门人才，还需要掌握正确的政治思想、扎实的基础知识、熟练的技术运用能力以及优秀的身体素质。

针对以上两个方面，为了更好地促进学生的健康和未来的健康发展，学校在教育过程中应当密切关注学生的生理健康和心理健康情况，树立与当今社会要求相吻合的"健康第一"思想。

（三）"健康第一"与体育健康教育

近年来，"健康第一"的教育思想在体育教学中的教学内容安排、教学方法选择、教学评价标准确定等方面得到了进一步贯彻落实，在新时期，"健康第一"在体育健康教育中的贯彻落实应注意以下几个目标的实现。

1. 落实体育健康教育标准

在体育教学的所有环节都应当贯彻并落实健康标准的实施，教师应调整体育教学的各项内容，向学生传授科学的锻炼知识，最终使学生的身体素质得到质的飞跃，使学生终身健康的意识和行为得到升华。同时，体育教学也应当依据新的学生体质健康测试标准，根据本地区气候、资源以及学校自身的教学特点来进行较大程度的调整。应允许学生根据自己的爱好和特点自由选择体育项目，使他们参与到自己真正感兴趣的活动中，从而熟练掌握适合自己的健身方法。教师不应再强调各项目的达标与否，而应在培养学生的终身锻炼意识方面下功夫。

2. 完善体育健康教育体系

体育拥有多元教育价值，体育本身就具备十分宽泛的知识面以及深厚的文化底蕴。在体育教学的各个环节，教师应当科学渗透体育人文学、运动人体学、健康教育学等多方面的内容，促使体育锻炼的科学性特征和人文性特征更加显著，激发学生对体育课的兴趣，促使学生自觉探究体育课的深远意义，适当增添保证学生身心健康发展的常识性内容，让学生逐步形成健康的作息习惯和心理状态。

3. 转变体育教学工作重心

在不断变化的社会背景下，体育教学的育人作用应当把强身健体当成重要基础，推动学生的体质、心理、社会适应等方面都得到健康发展。

（1）体育教育应当把学生体质健康当成服务目标。在三维的健康观中，体质健康从很早开始就是颇受关注的健康内容。贯彻和落实"健康第一"的指导思想，要求体育教学和健康教育都应当把促使学生身心健康、提高学生身体素质、培养均衡发展人才当成重要目标。运动技术是学生锻炼身体的有效措施，此外，学生还应全面掌握体育和保健方面的知识，形成健康向上的锻炼习惯。

（2）在重视学生体质发展的基础上，还要重视学生的全面健康发展。当前，必须贯彻国务院明确阐述的"学校教育要树立健康第一"的指导思想。当前，知识的更新和边缘学科的发展状况史无前例，社会上各种竞争也日趋激烈，而仅仅依靠强壮的身体、优良的体质、丰富的知识是不能适应这种变化的。在这样的时代背景下，国务院适时提出了"健康第一"的指导思想，对学校体育教育提出了更高要求，即培养身体健康、心理稳定、拼搏竞争、团结协作的新型高素质人才。

一方面，应关注学生的心理健康。社会主义市场经济的发展带来的竞争机制越来越激烈，来自社会各方面的因素如学习、生活、升学、就业、恋爱、婚姻等对学生的心理来说都是极大的负荷，许多学生都存在着不同程度的心理问题。由此可知，体育教学应当把学生心理健康教育摆到重要位置，促使学生的心理健康水平得到大幅度提升。对于学校体育的组织形式来说，应当与学生的实际需求密切联系在一起,定位体育活动的目标时应保证有针对性,立足于多个方面来评价学生的体育能力,由此使学生的心理素质得到大幅度提升。

另一方面,要把提高学生的社会适应能力摆在重要位置。体育是一种特殊的教育形式,在遵守特定规则限制的情况下,开展公平、公正、公开的体育竞赛,对创造和谐的人际关系以及使学生形成顽强的意志品质、集体协作精神、自我心理调节能力都有着很大的积极影响,也能促使学生形成良好的社会公德和责任感,认真遵循各方面的社会规范,使学生更好地适应社会环境。

（四）"健康第一"教学思想在体育教学中的应用

在现代体育教学中应严格贯彻"健康第一"的指导思想,将它贯穿于体育教学工作的始终,让学生拥有健康的体魄,为终身教育打下基础,这就是21世纪体育教育工作者应当完成的重要任务,也是21世纪学校体育工作者应努力探索的新课题。贯彻"健康第一"教学思想需要达到的要求包括以下几个方面。

1. 提高体育教师的综合素质

在体育教育逐步发展的背景下,现代体育教育要求教师不可以只采取以往知识培养的单一教学模式,体育教师还需要具备较高的科研探索水平。针对这两方面要求,体育教师需要掌握科学与人文两方面的基本知识以及基础稳固的体育基本功。

第一,体育教师要熟知信息科学、生命科学、环境科学等基础知识,了解体育教育的人文价值,掌握学生素质发展的规律性,努力提高自身的综合素养。

第二,体育教师还要树立终身学习的思想,适应不断发展与变化着的社会。体育教育也需求任课教师、学生、家长等有关人员加以合作,以产生协调效应。

第三,体育教师应当不断地积累教学经验,主动参与各类体育科研活动,自觉在体育教学过程中发现问题、探索问题、解决问题,使自己逐步发展成为同时具备探索能力和创造能力的科研型教师。

除此之外，21世纪的体育教学把教师监控教学的能力摆到了重要位置，这也是体育教育教学活动的核心要素。体育教师对教学的监控能力具体包括对教学活动的决策与设计能力，课堂组织和管理能力以及评估学生知识、技能的能力等。

2. 在体育教育中加强体育、卫生、美育的有机结合

学生在参与体育活动和体育锻炼时，一定要保证摄入身体所必需的营养，养成讲究卫生的良好习惯。所以，应当把身体健康和卫生保健密切联系在一起。对于体育教学来说，学校应当适当增强对学生的营养指导，高效地向学生传授与营养和卫生保健相关的知识。

在校园内广泛开展群众性的体育活动，可以使校园文化建设丰富多彩，使学生的体育生活充满生机。美育不仅能够陶冶并提高学生的修养，而且有助于开发他们的智力。体育是健与美的有机结合，寓美育于体育之中，可使体育内容与形式充满美的感受，提高学生对体育的兴趣，提高其运动质量，丰富学生的审美体验，提高学生创造美的能力。

3. 培养学生的健康意识和行为

在体育教学的各个环节，教师应采取多种方式把教学活动和学生生活实践联系起来，促使学生逐步形成健康意识并主动做出健康行为，努力让学生把所学知识转变成自觉行为。详细来说，学校和体育教师在培养学生健康意识与行为时，需要高质量地完成以下几方面工作。

（1）结合学生的具体实际，制定适合学生发展的体育教材，组织好学生参加体育运动锻炼。

（2）在上体育课时应注意适量，不应矫枉过正。

（3）在体育课外活动中应加大体育教师的指导力度。

（4）开展多种形式的体育比赛。

（5）有针对性地加强营养学、心理学、保健学、环保学、身心健康等方面的知识教育。

4. 不断提高学生参与体育的能力

在体育教学过程中，教师应当高效地向学生传授健康知识与锻炼手段，把开展体育运动项目与社会体育资源密切联系起来，让学生参与体育的运动水平得到大幅度提升。健康知识与健康手段对所有体育锻炼的参与者来说都

至关重要，传统体育教学中往往存在重视运动技术传授而忽视健康知识传授的问题。学生只有全面掌握了健康知识与锻炼手段之后，才不至于漫无目的地参与体育锻炼活动，才能更加客观地评价自身的实际情况与锻炼效果。

分析传统体育教学可知，学校开展运动项目往往只把场地器材、教师情况、学生情况视为重要考虑内容，而没有对学生所学运动项目在其步入社会后能否继续坚持进行全面的考虑。

现阶段，学校体育教学各项工作的开展应充分立足学校，放眼社会，多开设社会体育设施建设较好的项目，为终身体育的开展创造条件。各项运动项目是参与者参与体育运动的重要媒介，良好的运动技术可以激发学生对运动锻炼的积极性，从而使其逐步形成良好的运动习惯。所以，在体育教学中应坚持以运动技术为主，注重培养学生广泛的体育兴趣，使学生一专多能，同时更加重视健康知识和健身方法的传授，使学生在学校之外也能科学参与体育锻炼。

二、"以人为本"教学思想

（一）"以人为本"教学思想的内涵

我国在提出"以人为本"的思想时，并没有于最开始便形成系统化的理论体系。早在商周时期，我国的先辈们就已经提出了民本思想，并指出人民是整个国家的重要基础。发展到春秋时期，儒家倡导"仁者爱人"的思想，战国时期齐国管仲提出"以人为本"的治国思想，再到后来孟子的"以民为国家之本"等思想，都与"以人为本"教学思想有着密切关系。毋庸置疑，我国古代传统的民本思想和现阶段的"以人为本"理念有着很多相似之处。

在西方，古希腊时期就出现了"以人为本"的理念与思想，而其正式形成则在意大利文艺复兴时期。19世纪初，哲学家费尔巴哈（Feuerbach）第一次提出了"人本主义"的口号。发展至今，很多人本主义哲学家选用非理性主义手段，使得人本主义体系更为完善。在人本主义思想的长期作用下，西方教学思想在教育观念、教育目标、教育内容、教育手段等方面都进行了大幅度调整，其对现代体育教学的发展进程发挥出了很大的推动作用。

截至当前，"以人为本"的体育教学思想已经演变成了中西方体育教学的关键性教学思想。我国现阶段"以人为本"思想得以建立的重要基础是马克思主义和与个体全面发展相关的理论，在这个基础上同时密切联系我国的具体情况，最终产生了科学、完善的教育价值取向。在体育教学中贯彻和落实"以人为本"的教学思想，不仅对我国落实科教兴国战略有着深远意义，还对我国实现民族的伟大复兴有着深远意义。

（二）建立"以人为本"教学思想的重要性

进入 21 世纪之后，人们对人才是社会发展的核心要素有了越来越深入的认识，我国一定要在实施科教兴国战略的前提条件下持续加深学校教育的改革深度，保证人与社会的全面发展。在现代社会不断发展的背景下，各级学校应积极贯彻落实科学发展观，坚持"以人为本"的教学思想，这是体育课程改革的必然要求。在新的时代背景下，贯彻"以人为本"的教育理念对学校体育教育的发展和青少年的身心健康成长都具有重要的意义。

近年来，在不断加深改革深度和发展深度的背景下，我国学校教育的发展成效十分显著，体育教育同样在积极顺应时代发展的主要趋势，大力更新各项教学观念，采取科学、人性化的教学思想为体育教学发展提供着指导。学生在"终身体育"理念的科学引导下，在落实"以人为本"科学发展观的过程中获得了大力发展。

当前，"以人为本"的科学发展观及教育理念对我国体育教学的发展具有重要的指导意义。"以人为本"中的"人"既是个体，又是群体；既具有自然属性，又拥有社会属性。现代体育教学要建立在以人为本的基础上，坚定不移地实施科教兴国战略和人才强国战略，不断满足大众日益增长的教育需要。

（三）"以人为本"教学思想在体育教学中的应用

贯彻落实科学发展观，建设社会主义和谐社会及在教学中贯彻以人为本教学思想是新课程改革的必然要求。与此同时，我国现阶段的体育教学还面临很多需要解决的问题，表现出了许多不足之处。针对各方面的问题，在学校教育中发挥重要作用的体育教育应当要贯彻落实以人为本的教育理念，具体应当从以下两个方面着手。

1. 以学生为本

学生是体育教学的主体，其同时以独立生命个体的形式存在着，有资格获得认可与尊重，所以参与体育教学活动的教师应当树立以学生为本的观念。在以学生为本的过程中，教师应当进一步丰富办学资源，尽全力为学生创造有利的学习条件和教学环境，进一步充实教师队伍；本着对学生高度负责的原则，提供充足的教育教学资源，并保证向他们提供其发展所需的知识、技能等教学内容；尊重学生的个体差异，促进学生个性发展；完善培养方案，建构科学的课程体系；重视改变教学方式，增强教学的感染力、吸引力，激发学生的学习动机，调动其学习积极性。体育教学中要贯彻以人为本的思想，首先就要关注学生的利益，树立为学生服务的观念，使学生获得全面而又不失个性的发展。

21世纪以来，我国学校教育以惊人的速度不断发展，体育教育也要适应新时代的发展潮流，不断革新观念，以科学、合理、人性化的教学思想促进学校体育的发展，让学生在"健康第一"思想的指导下获得身心的全面健康发展。简单来说，现阶段的体育教育应当把保障学生身心健康当成基本原则和开展多种体育活动的立足点。在体育教育的实际过程中，应采取多种方式提高学生的主体地位，培养学生主动参加体育锻炼的意识。在培养学生主体意识的过程中，教育工作者应本着尊重学生、信任学生的原则，促进学生身心的健康发展。具体来说，要做到以下几点。

（1）尊重学生

教师应当树立以学生为中心的教育理念，在教育过程中严格遵循学生的身体发展特征和具体规律，同时对学生的个性特征予以尊重及肯定，贯彻并落实因材施教的原则。

（2）宽容学生

推动学生健康成长是教师所有工作的根本目的，教师要想顺利达到这个目标，就必须对学习中存在问题的学生进行密切关注。学生之间难免会存在差异，所有学生都存在优势和劣势，教师应当正视这种差异，对学生的优势进行积极肯定，对学生的劣势多多包容。针对班级中喜欢捣乱的学生，教师应当集严格管理和适度宽容于一体，在宽容的细节中提出严格要求。参与体育教学的教师必须明确的一点是体育课上不存在差生。

在具体的教学工作中，教师在管理"后进生"时，更需要付出一定的情感，多下功夫。首先对他们的错误给予宽容与理解，从而使学生的思想负担减轻；其次使其树立自信，将内在的精神力量激发出来；最后使其自觉改正错误，实现自我发展，这才是对以人为本的教育思想的真正贯彻落实。

（3）丰富教学形式

在体育教学中应努力彰显学生的主体地位，推动学生成为学习的主人，促使学生将体育学习融入情感和行动两个方面。体育教师应当采取多元化的教学形式，科学组织体育教学。现代课堂教学就是教师和学生共同探讨问题的重要阵地，在课堂教学中便于运用多种形式开展教学活动。具体的教学形式有群体训练、小组合作练习、个人自觉练习等，这些都彰显出体育教学中贯彻以人为本理念的情况，有助于激发学生的内在需求，并推动学生的不断进步。

（4）科学评价学生

体育教学评价的全面性很重要，全面评价需遵循"以人为本"的原则，将学生的全面发展充分重视起来，力求通过全面评价充分了解学生对体育学科的态度、参与体育锻炼的情况以及对体育技能的掌握和运用情况，从而有针对性地调整课程教学方案，使学生在现有的基础上实现更大的进步。在体育教学过程中，要注重对学生体育学习情况的评价。一般来说，体育教学评价主要是对学生的平时表现、素质达标、技术技能运用等内容进行评价。然而，由于每个学生的学习能力存在着较大差异，因而会出现能力强的学生容易得高分、能力弱的学生付出行动但依旧很难得高分的情况，这种评价将无法客观反映学生的体育锻炼情况，同时也不利于增加学生的学习动力。由此可知，教师选用评价方式时应当密切联系学生的实际情况，从而推动所有学生的健康成长。

（5）建构和谐师生关系

体育教学的基本立足点是关爱学生生命，尊重学生人格和权益。教师对学生之间的差异性应予以认可，对学生的独立性、个体性应予以尊重，与学生建构起平等和谐的师生关系。

具体来说，在体育课堂教学中，教师要善于采用鼓励性的话语来激励学生、安抚学生。鼓励的话语可以给学生带来莫大的安慰与动力，可以使学生变得更勇敢、更自信。这样往往能够取得良好的课堂教学效果。

2. 以教师为本

因为教师的"教"是学校培养学生和推动学生发展的实现手段，所以体育教学中也要以教师为本。学校需要完成的工作包括以下几个方面。

第一，给体育教师提供积极向上的工作环境和工作氛围，针对教师的工作量制定出合理标准，客观评估教师的教学，积极奖励表现突出的教师。

第二，时刻关注教师的发展情况，教师也需要随时代的变化而持续发展。在体育教师管理方面，严禁把防范性和强制性摆在重要位置，应当把人性化贯彻于各个环节，促使体育教师积极履行个人义务并承担相应的责任。

第三，给予体育教师应有的尊重与信任，避免制定过多内容来限制体育教师的自由，避免束缚体育教师的行为。

三、"终身体育"教学思想

（一）"终身体育"教学思想的概念

"终身体育"是指在人的一生中都要进行身体锻炼和接受体育教育与指导，它是终身教育的重要组成部分。具体来说，就是一个人从生命的开始到生命结束，都要为适应环境与个人的需要而进行身体锻炼，以取得生存、生活、学习与工作的物质基础或条件。"终身体育"思想的形成是人类自身和社会发展的必然要求。

在理解"终身体育"教学思想时，可以从几个方面进行分析：在时间上，"终身体育"贯穿于人的整个生命过程；在活动内容上，"终身体育"运动项目包括多方面内容，可以结合自身的兴趣进行选择；在人员上，"终身体育"面向的对象是社会上的全体公民，特别是面向全体青少年学生；在教育上，"终身体育"有助于提升全体公民的总体素质，是实现富国强民的重要方式。

随着不断的发展，"终身体育"思想在体育教育中所占的比重越来越突出，已经逐步发展成为当今十分先进的体育教学思想。"终身体育"思想由存在着相互联系、相互作用的学校体育、社区体育以及家庭体育组成，它们共同影响着个体。此外，"终身体育"思想还要求学校、家庭、社区积极开展各类体育活动，努力增加各类群体参与体育活动的机会。

（二）"终身体育"教学思想的特征

1. 终身性

"终身体育"是先进的教育思想，因为其彻底打破了以往体育教学目标过度重视学习和掌握运动技能的观念，发展并延续了学校体育教育。分析传统体育教学观念可知，其总是把个体接受教育的时间定位于在校期间，把学习及掌握体育理论知识和运动技能设定为体育锻炼的重要内容。然而，"终身体育"是在密切联系个体生长发育、发展以及衰退规律与阶段性特点的基础上进行的，它倡导体育锻炼对人们的整个生命历程都有积极作用，因此有必要进行终身参与。

2. 全民性

终身体育锻炼具有全民性的特点，这是指接受"终身体育"的所有人，在对象上，有儿童、青少年、成人和老年人等；在范围上，有学校体育、家庭体育、社会体育等。以"终身体育"为指导开展全民健身运动，其实质是群众体育的进一步普及与发展，以实现广泛普及化。身处当今社会的任何一个人都需要掌握生存的技能，而学会生存不能与体育相脱离。因为生存发展是时代的主流，要生存就必须会学习、运动锻炼及保健，人们要想更好地生活，就应把体育与生活紧密地联系在一起，在参与体育活动中人们可以终身受益。

3. 实效性

终身体育锻炼应当确定清晰明了的目标，换句话说，就是体育一定要推动人们实现均衡发展与终身发展。维持并提高人们的生活水平、提高人们的身体素质、延长人们的寿命是"终身体育"的终极目标。

"终身体育"的根本着眼点是更好地适应个体发展与社会发展。广大群众为了提升自身的生活水平，往往会结合自身的情况来选择最佳的体育方式，达到有的放矢的状态，其表现出的针对性特征和实效性特征都十分显著。从整体来看，终身体育锻炼应当设置明确的目标，推动学生实现均衡发展与终身发展。

（三）"终身体育"教学思想在体育教学中的应用

1. 培养学生的"终身体育"意识

"终身体育"教育思想指导下的体育教学不仅追求学生某一特定的运动技能和运动的熟练程度，更为重视学生学会能够分析自身的身体锻炼与综合的运动实践能力，注重对学生的体育爱好和兴趣的重点培养，使学生养成良好的身体锻炼习惯。而在学校开展终身体育教育过程中，就应当致力于提升学生的体育意识，其具体措施如下。

（1）重视体育兴趣引导

心理学的有关理论证明，行为是在认识事物的前提下，在引发动机和兴趣的基础之上产生的。在体育教学中，教师应当指导学生端正体育学习态度，制定适宜的体育目标，使他们逐步形成持久的学习动机，调动学生掌握体育锻炼与卫生保健两方面的知识和技能的积极性。除此之外，体育教师应当密切关注实施理论教学的实际效果，不断增强学生的终身体育意识，顺利实现体育的价值。

（2）重视体育习惯培养

体育教师应当指导与带动学生把体育锻炼习惯延续到校园生活以外，这不但有助于我国全民健身的发展，而且有助于实现"终身体育"的社会价值。

（3）重视体育素质培养

在体育教学过程中，体育教师应当制定使学生终身受益的目标，对每次课内以及所有课外活动都要提出有针对性的要求，将健身设定为目标，把素质、技能、知识、能力等方面的教育内容都渗透到培养学生终身体育意识的过程中。

2. 重视学生自我发展与社会需要的结合

"终身体育"着眼于人一生中各个不同的年龄阶段、不同的生活环境、不同的职业特点来选择相应的锻炼方法和内容，进行不同形式的身体锻炼，以保证终身受益。学校体育教学正是为未来扮演不同社会角色的学生提供了一个良好的参与体育的契机，指导其参与体育锻炼，以便进入社会后可以更好地适应社会。因此，"终身体育"不仅要促进学生在学校的发展，还要充分满足社会发展对学生未来的发展需求，这就要求体育教育应重视学生的当前发展和长远发展。

具体来说，在体育教学过程中，应实现学生终身体育发展与社会需求二者的结合，具体应该重点做好以下六个方面工作。

（1）明确学生需要与社会需要的彼此地位。这是正确处理学校体育发展与社会需要适配性的关键问题。

（2）明确学生需求和社会需求之间的联系。学生需求是促进学校体育文化发展的重要动力，社会需求是体育运动发展的外在要求。

（3）体育教学应当以学生为主体并努力让学生的学习需求和发展需求都能够获得满足。

（4）对学生发展和社会需要在各个发展阶段的矛盾进行灵活有效的处理。尽管社会需要和主体需要在终极目标上应当维持统一，但并不是说之前的其他过程就不存在差异之处了，学生的终身体育发展为社会在人才方面的实际需求打下了基本人才素质基础，但学校体育教学涉及方方面面的内容，不可以只把社会需求发展当成服务对象，也需要把"以人为本""健康第一"考虑进来。

（5）重视与培养学生掌握系统的体育基础理论知识、科学的身体锻炼方法以及检查评定的方法，促使学生形成从事"终身体育"的能力。

（6）校园体育教学应时刻注重对学生生理、心理、行为模式、思想意识等方面的调查与研究，同时以社会需要为基础，以"符合社会发展需要"作为衡量学校体育教学合理与成功的重要评价标准。

3. 拓展和丰富体育教学内容

分析我国当前的学校体育改革目标可知，它主要定位于让个体在有限的学生阶段掌握体育基础知识与基本技能，在未来可以独立自觉地继续进行身体锻炼并接受体育教育，密切衔接终身体育。学校体育在现阶段的重要任务是培养并增强学生的"终身体育"观念，在设置体育课程内容时适度增加促使体育教学内容更加多元化的内容，其具体有如下六点。

（1）在体育教学中积极开展学生乐于接受的体育项目。

（2）适当组织各类运动的赛事，如篮球运动赛事、足球运动赛事、健美操运动赛事等。

（3）在体育教学中适当安排耐久跑等锻炼内容，同时结合季节特征来做出对应安排。

（4）指导学生密切关注体育界的最新动态，向学生传授体育竞技规则与裁判的基础知识，详细解说某些大型体育赛事的技巧。

（5）支持学生自行组织比赛，全面培养学生的自我组织能力和参与意识。

（6）体育课内外教学相结合对于终身体育思想的发展也是有积极意义的，高校开设体育选修课可以让学生选择自己感兴趣的体育项目来学习，从而发挥自己的体育特长，养成良好的体育习惯，为终身体育锻炼习惯的形成打下坚实基础。

4. 不断提升教师的综合素质水平

教学是教师最基础与最核心的工作，教师教学能力往往对体育教学质量有着重要影响，所以，体育教师应当借助于多种方式来提升教学能力，由此使其教学质量得到大幅度提升。

（1）教师应树立起重视体育教学的思想和意识，并在教学过程中积极贯彻落实。教育直接关系到了民族的兴亡，健康、健美的人才是祖国未来需要的人才。所以，体育教师需要时刻考虑如何将祖国未来的希望——学生培养成全面发展的新型人才。

（2）在体育课程教学中，针对特殊情况和事先未能考虑到的情况，教师可以对课程进行适度的调整，这是体育课中比较常见的情况。体育教师不应当只定格于提前设计好的方案上，应当用不断变化的视角来实施课程方案。由此可知，体育教师应当结合实际情况来对做好的课程设计进行合理调整，从而使它能够发挥出更大的积极作用。

（3）体育教师应当积极适应时代发展的实际需求，在体育教学过程中积极进行自我更新与自我优化，树立崭新的教育观念，选用切实可行、创新性高的教学手段来开展相关体育教学活动，激发学生学习的主动性、积极性，使其养成良好的体育锻炼的习惯。

第四节　现代体育教学思想的整合、引领与发展

一、现代体育教学思想的整合与引领

纵观我国体育教学的发展历程可知，外国教育思想对我国体育教学思想

的影响很大，具体包括捷克夸美纽斯"大教学论"教育理论、法国卢梭（Rousseau）"自然教育"、英国斯宾塞（Spencer）"科学教育"、美国杜威"儿童中心思想"、苏联凯洛夫（Kairov）"主智主义"、美国加德纳（Gardner）"多元智力"等。此外，本土化思想也对我国的体育教学思想产生了很大作用，具体包括康有为、蔡元培、梁启超、严复、张伯苓、陶行知等人的思想，即我国的体育教学思想真正是"百花齐放、百家争鸣"。但深入分析我国体育教学思想的内涵可以发现，其中的很多思想并没有完全统一，所以，我国体育教学思想在发展过程中需要完成的重要任务是整理研究各类思想，使各类思想保持统一，科学指导体育教学理论研究工作和实践工作。

（一）整合中国教育思想对中国体育教学的影响

近代以来，影响我国学校体育与体育教学的国内著名思想家出现了很多，他们都在一定程度上接受过外国教育，所以这些思想家的思想往往是中外文化有机融合的产物。对于他们的教育思想、体育思想的研究有很多，但基本上都是零星式的，缺乏一定的系统性，没有形成一套完整的中国式的体育教育思想体系，对我国体育教学改革与实践缺乏一定的指导意义。因此，综合研究、系列研究、比较研究他们的教育思想、体育思想，对于当今体育教学的深化改革与发展具有很重要的价值。

（二）整合国外体育教学思想对中国体育教学的影响

从国外教育思想对中国体育教学学科建设的意义视角而言，中国体育教学发展史是移植、吸收、内化国外教育理论，并不断进行中外文化交融，实现中国体育教学学科现代化、科学化的历史。总结与反思近代以来国外教育思想对中国体育教学发展的影响的内容与方法、路径与机制、范围与程度、贡献与局限，有助于我们更深刻地了解中国体育教学现代化演进的脉络，从而为体育教学的未来改革与发展提供理论基础及历史借鉴。

不可否认的是，引入国外教育理论同时具有积极影响和局限性，积极影响是能够推动我国体育教学的理论发展和实践发展；也有一些理论不符合我国国情，全面照搬会阻碍我国体育教育理论的发展。

因此，在探索我国体育教学思想发展道路的过程中，不可以全面否定或完全照搬国外教育理论,应当对体育教学思想进行扬长避短的吸收,舍弃不适应我国实际情况的部分,积极吸收合理的内容,从而对我国体育教学理论和体育教学实践的发展发挥出更大的积极作用。

(三)整合中外体育教学思想,构建我国体育教学指导思想

在中外文化背景存在很多不同的影响下,中外教育思想和中外体育教学思想也必然存在很多不同,所以,比较与融合中外体育教学思想并筛选出具备指导价值的教学思想并非易事。在整个过程中,要吸收外国优秀的体育教学思想,舍弃外国体育教学思想中的糟粕;要对我国优秀体育教学思想进行梳理与归纳,对中外体育教学思想的共性和差异进行比较,在共性中找出结合点,在差异中找出具体功能,有机整合中外体育教学思想,为改革及发展我国体育教学贡献应有的力量。

(四)深入研究体育教学"掌握知识与技能"与"发展身体与心理"的关系

首先,体育教学过程中存在着传授知识(运动技术)与掌握技能之间的矛盾,运动技能的形成具有特定的规律,但是需要传授的运动技术(教材)很多。因此,在教学实践中大量存在着低水平重复或者学而不会的现象,产生这种现象的根本原因是在进行各类教学设计过程中没有遵循运动技能形成的规律,什么教材在什么年龄阶段出现、需要多少学时的教学、学到什么程度、考评标准是什么等问题都没有考量妥当、合理安置,最终的结果是学生学了体育十余年,真正掌握的运动技能却"百无一会"。学生要全面掌握运动技能,并不是在体育课上认真学习就好,还需要课外在自身兴趣的引领下不断探索、坚持锻炼。由此可知,对知识和运动技能之间的联系进行科学把握,不只是教学实践问题,还是教学思想和教学理念的问题。

其次,体育教学过程中存在着身心发展的矛盾。身心发展观是坚持一元论还是二元论,这是一个哲学与世界观的问题。关于这个问题,我们在体育教学理论与实践研究中往往会有所偏颇,体质论学派长期坚持身体发展论,认为体育教学的重点应当是发展学生的体质。在现阶段,部分学者积极倡导体育教学发展学生心理和社会适应能力方面的具体功能,将学生心理发展摆

在体育教学功能的突出位置，这些都不符合合理性要求。就体育教学来说，身心发展是一元的，不管是学生的身体还是学生的心理，都有必要通过传习运动技术来达到全面发展的结果，学校和体育教师应当始终秉承这种思想与理念，才能保证体育教学理论和实践研究始终在正确的道路上发展。

二、现代体育教学思想的发展

（一）现代体育教学思想的发展对策

1. 以"健康第一"为主导思想，强调"终身体育"

伴随着时代的发展，人类社会已然步入以信息数字化为主要表现形式的高科技经济时代，由此，就在很大程度上对人们的工作与生活方式产生影响。随着知识经济的发展，知识更新周期缩短、新技术不断涌现、竞争加剧等都对劳动者提出了更高要求。未来的社会是高度自动化和高效率的社会，直接劳动人数偏少，劳动强度也越来越小，人们能够享受更长时间的闲暇娱乐。伴随着生产方式的改变，体力劳动逐渐少见，人的体力已经不再是生产力中一个重要的衍生因素，也正因此，必然会导致体育需求方式发生全面转变。在此背景下，社会对于体育的需求远远超过"增强体质"的需要，现阶段不但应当增强体力，还需要利用体育运动促进人们的身心健康发展，增强其社会适应能力。随着现代科学技术水平的飞速发展，人们已经越来越认识到体育锻炼对于个人生活质量及整个生命过程都具有积极作用。因此，"健康第一"与"终身体育"等理念逐渐被更多的人呼吁与接受。

受这一趋势的长远影响，我国众多学校体育教育将始终以"健康第一"作为主导思想，力求学生实现身心和谐发展，并且，学校方面还需要重视学生可持续发展，激发学生对于体育的兴趣，使其养成健康的体育习惯并促进自身体育能力的提升，以确保一直将"终身体育"放在重要的地位。这不只是对我国学校体育正面经验和反面经验的归纳与总结，还是在学校体育中践行素质教育、培养全面发展人才的必然要求。此外，这也是我国体育思想的一个发展走向。

2. 基于"以人为本"的原则，进一步关注人的全面发展

21 世纪是现代化科技与生产力迅猛发展的时代，人类是发展的主体与中

心，所以人类的全面发展演变成了经济发展与社会发展的终极目标。党的十六届三中全会明确提出"坚持以人为本，树立全面、协调、可持续发展观，促进经济社会和人的全面发展"。在这种理念的作用下，我国学校体育将会对"以人为本"原则进行反复重申，在体育教学中高度重视学生的全面发展，创造民主平等的师生关系，把学生在体育教学中的自主性置于重要位置，培养学生形成良好个性和健康生活方式，同时密切关注学生的身心健康状况。

3. 立足本国现实，积极吸收国外先进教育思想的理论、经验

通过对我国多年来的学校体育思想演变之经验进行研究分析，能够明显发现学校的体育思想发展状况与借鉴世界各国先进教育思想与理念呈现出紧密的关系。对当前的学校体育研究进行分析，可以明晰一点，它不再是封闭、单个区域或单个国家内的学校教育，而是呈现出国际化特征的学校教育。同时，随着越来越多国际化教育的出现，各国民族性也在一定程度上得到增强。从根本意义上讲，在国际频繁而多方位的交往中，学校教育要能够尽可能彰显每个国家的教育所具备的民族特色，最后全面实现民族性。

综上分析可明显发现，一国的学校体育既需要面向世界，积极借鉴其他国家的先进成果，又应当基于本国国情，维护自己国家优秀传统。这也是当前我国学校体育教育改革与发展所应遵循的基本原则之一。我国学校体育思想的发展需要基于我国学校体育发展的具体情况进行，广泛吸收世界各国优秀的体育教育理论与经验，始终坚持对本民族的优秀的传统体育资源的保护与开发，充分利用民族体育的内容与乡土体育的内容。

4. 进一步注重学校体育与社会体育、家庭体育的融合

现阶段，教育的参与者包含学校、家庭与社会，此三者合作开展的教育是顺应时代发展的先进教育，所以，教育本身已经不再局限于学校了，接受教育也不会再受到时间、空间等方面的限制。在体育向大众化、社会化、生活化以及终身化方向不断推进的过程中，学校体育逐渐扩展到家庭和社会当中，儿童与青少年之所以能够养成积极的体育态度、形成良好的体育行为，主要是因为受到学校、家庭、社会这三个层面的共同教育。总而言之，除学校体育教育之外，家庭和社会也应主动担负起对学生进行体育教育的责任，最终形成以学校体育为主体，家庭教育、社会教育为补充的体育教育模式。目前，学校体育与家庭体育、社会体育之间还存在着一定程度的脱节现象。

未来我国的学校体育有必要将学校体育、社会体育、家庭体育进行有机整合，与之密切配合，促使这三个方面更好地进行体育资源的共享与融合。

5. 进一步加强基础理论研究，注重理论与实践的结合

通过对我国学校体育思想发展过程中出现的种种问题进行研究，能够明显发现我国对学校体育思想当中基本理论的研究并不十分深入，所以应当不断完善关于学校体育思想在功能与目标等方面的理解，促使学校与家庭、社会三者之间的联系逐渐变得密切，最终使它们构成一个完整而有机的整体。总的来说，今后我国学校体育思想若要发展，就需要不断强化学校体育的职能、目标，始终坚持相关基本理论的学习，增加对使用理论研究成果对学校体育进行实践指导工作的重视。

（二）现代体育教学思想的发展趋势

1. 体育教学思想将向层次性和延续性方向发展

在新理论、新观点、新方法的共同作用下，有关体育教学的各种教学指导思想应运而生，引导并指明了学校体育教学的改革方向，加快了体育教学改革的速度，为提升体育教学质量注入了很大推动力。但是需要注意的一点是，在学校的体育教学当中，不同的学生在年龄、生理、心理等方面都存在十分明显的差异，并且在教学实践当中，不同的教学指导思想还呈现出缺乏系统性和连贯性的特点，这使得在对不同年龄阶段的学生进行教学重点的选择和教材处理的时候，不管是倾向性还是教法选择，抑或是组织安排等方面，都难以与学生的生理、心理等方面加以契合，由此就会在一定程度上对学校的体育教学改革的进程产生负面影响。所以，为获得良好的体育教学效果，就需要针对学生各个年龄阶段的实际情况，明确与之相适应的体育教学指导思想，进而确保教学改革的有效推进并最终实现相关目标，牢牢把握教学改革方向，始终坚持调控与优化教学改革过程，进而有效促进教学改革质量的提升。

2. 体育教学思想将向"人文体育观"方向发展

现阶段，学校体育教学思想从唯"生物体育观"转向了由生物、心理、社会因素构成的"三维体育观"，拓宽了体育在健身、娱乐、竞技、文化和社会等方面的功能。这使得我国体育教学在传授"三基"（体育基本知识、基本

技术、基本技能）、增强体质的同时，朝着多目标、多功能方向发展。同时，国外的休闲体育、快乐体育、终身体育等体育思想的出现，也极大地促进了学校体育教学思想的进展。在我国已成功筹办 2022 年冬奥会的背景下，人文奥运理念获得了越来越多的认可和理解，奥林匹克运动对我国学校体育的发展产生了很大的积极作用，奥林匹克运动的思想也对我国的体育教学思想发挥出了指导性作用。能够预测到，今后学校体育将会向以人文本的方向不断前进，对学生的实际需求的关注更加密切，把学生均衡发展设定成重要目标，确立以"人文体育观"为核心的教学思想。

3. 确立"健康第一""终身体育"与"素质教育"相结合的体育教学思想

素质教育是不断发展着的理念，素质教育具备十分丰富的内涵。在素质教育实践日益深入的背景下，必须在其他相关理论中汲取"合理内核"，进一步充实素质教育的理论。在探索于体育教学中实施素质教育的过程中，人们尝试过采取多种途径和各类教育理念来指导体育教学实践，并且有所突破。学校和体育教师需要牢牢把握住"健康第一"和"终身体育"的指导思想，对于深入改革素质教育有着深远意义。从体育教学的最终目标来看，体育是教育的一部分，是为人的全面教育服务的，因此，学校应顺应素质教育的潮流，确立"健康第一""终身体育"与"素质教育"相结合的体育教学思想。

第四章　高校科学化运动训练理论与大学生体质、卫生、营养分析

本章主要介绍高校科学化运动训练理论与大学生体质、卫生、营养分析，主要从六个方面进行了阐述，分别是科学化运动训练的基础与原则、科学化运动训练的要素、体质的含义与测量评价方法、大学生体质健康标准、大学生体育锻炼卫生常识、大学生体育锻炼与营养补充。

第一节　科学化运动训练的基础与原则

一、科学化运动训练的基础

（一）运动训练的目标

运动员通过系统、集中的训练完成特定的目标。训练的目的是提高运动员的竞技能力，从而提升运动成绩。训练是一项系统工程，会涉及生理学、心理学及社会学的诸多变量。在此期间，训练要遵循循序渐进、区别对待等基本原则。在整个训练过程中，运动员的生理和心理素质得以重新塑造，从而能够满足一些严苛的任务要求。

不管是初学者还是职业运动员，至关重要的一点是制定切实可行的训练目标。训练目标要根据个人能力、心理特征和社会环境来设计。有些运动员是为了赢得比赛或提高成绩，有些运动员则是追求获得运动技能或进一步提高生物动作能力。不论目标如何，都应尽可能精确，使其可测量。不论是短期计划还是长期计划，在训练开始之前就应设定好，并且明确实现目标过程的具体细节。而完成这些目标的最终时刻，往往是一次重大的比赛。

（二）运动训练的范围

训练是运动员为了达到最佳竞技状态的准备过程。通过制定系统的训练计划，可以使教练员的训练工作更有效率，这些系统的训练计划的设计需要借鉴各门学科的知识。

训练过程以发展专项特征为目标，这些特征与不同的训练任务紧密相关，包括全面身体发展、专项身体发展、技术能力、战术能力、心理因素、健康保养、伤病预防以及相关理论知识。要想获得上述能力，需要以运动员的年龄、经验和天赋为依据，运用个性化、适宜的方法和手段并通过不断地训练才可以实现。

1. 全面身体发展

此项训练也称为一般身体素质，是所有体育运动训练的基础。一般身体素质发展的目的是改善和提高基本的身体能力，如耐力、力量、速度、柔韧性和协调力等。运动员全面身体发展的基础越扎实，就越能经受住专项训练，最终可能发挥出更大的运动潜力。

2. 专项身体发展

此项训练也称为专项身体素质，是发展专项运动所需要的生理或身体素质特征。这种训练类型是为了实现运动的一些特定需要，如力量、技能、耐力、速度和柔韧性。不过，许多运动项目需要各种关键运动能力的组合，如速度—力量、力量—耐力或速度—耐力。

3. 技术能力

这种训练强调以发展技术能力为核心，技术能力是获得体育运动项目成功所必需的条件。提高技术能力是以全面和专项身体发展为基础的，例如，若想完成体操十字支撑动作，要受到生物动作能力中力量因素的制约。发展技术能力训练的最终目的在于完善技术动作，优化专项运动技能，专项运动技能是展现最佳竞技状态所必需的。发展技术能力应当在正常和特殊状况（如天气、噪声等）下进行，并且始终要围绕完善运动项目所必需的专项技能而进行。

4. 战术能力

发展战术能力对于训练过程也是极为重要的。战术能力训练的目的是完善比赛策略，该项训练要以竞争对手的战术研究为基础。具体来讲，这种训练的目的是利用运动员的技术和身体素质来制定比赛战术，增加比赛获胜的机会。

5. 心理素质

心理素质也是确保发挥最佳体能所必需的要素。有些专家也称心理素质训练为个性发展训练。不管术语如何称谓，发展心理素质（如自制力、勇气、毅力和自信）对于成功展现运动能力是必不可少的。

6. 健康保养

运动员的整个健康状况应当引起充分重视。健康保养可以通过定期健康检查和适当的训练安排来实现，其中适当的训练安排包括将大量艰苦训练和阶段性的休息恢复搭配进行。必须特别注意伤病和疾病，在训练过程中应给予重点考虑。

7. 伤病预防

预防损伤的最佳方式是确保运动员已经提高了身体能力，形成了参加严格训练和比赛所必需的生理特性，并确保其进行了适量训练。安排不当的训练如负荷过大，这将会增加受伤的风险。对于年轻运动员来说，以全面发展身体为目标是极为重要的，因为这样可以提高生物动作能力，有助于降低受伤的可能性。此外，疲劳控制也尤为重要，越是疲劳，发生受伤的概率就越大。因此，应当充分重视并制订一个控制疲劳的训练计划。

8. 理论知识

应当在训练过程中充实运动员有关训练、计划、营养和能量再生等方面的生理学和心理学知识。运动员理解进行某种训练活动的原因与理论知识非常重要，教练员可以通过让运动员对各项训练计划的目标进行讨论或要求运动员参加关于训练的座谈会议来达到这一目的。让运动员具备关于训练过程和运动项目理论的知识，可以提高运动员的决策能力以及增加其对训练过程的关注，同时也利于教练员和运动员更好地制定合理的训练目标。

（三）运动训练系统

简单来说，系统就是把相关的意见、理论或者假说用适当的方式方法结合起来的一种组织形式。只有充分结合科学成果与实践经验，才能够在此基础之上实现系统的发展。尽管某一系统在其独立之前会依附于另一系统，但是需要注意的是，这种系统绝对不能够不加修改地被移植过来。另外，在创建或者改善一个表现更好的体系的时候，一定要深入探究并思考现实的社会文化背景。

1. 揭示系统的构成要素

构成要素是训练系统发展的核心，这可以从训练理论和方法的有关基本知识、科学成果、本国优秀教练员的经验积累以及其他国家的前车之鉴中提炼和总结。

2. 明确系统的组织结构

确定了决定训练系统成功与否的核心要素后，就可以建立现实的训练系统了，短期的和长期的训练模式也应当随之建立。该系统应当能被所有教练员共享，也应当保持足够的灵活性，以便教练员能够根据他们自身的经验进行下一步的丰富与完善。

体育科研工作者对于建立训练系统起着十分重要的作用。体育科学研究，尤其是应用领域的研究所提供的成果，丰富了训练系统赖以不断发展和完善的知识基础。此外，体育科研工作者的工作还有益于完善运动员的监测计划和选材计划，帮助他们建立训练理论以及完善疲劳和压力处理方法等。尽管体育科学对于训练系统的重要性是显而易见的，但这门分支科学并未在全世界受到足够的重视。例如，某位美国学者认为，体育科学在美国的应用呈现下降趋势，这在某种程度上解释了近些年奥林匹克运动会上美国运动员的运动成绩下降的原因。

3. 验证系统的效能或作用

一旦启动训练系统，就应当经常对其进行评估。训练系统有效性的评估可通过多种方式进行。验证训练系统效果的最简单的评估方法是该系统是否带来了实际运动成绩的提高，也可使用更为复杂的评估方法，包括对生理适应的直接测量，如荷尔蒙或细胞信号传导的适应。此外，力学评估方法可用于定量地测定训练系统的工作效率，如最大无氧功率、最大有氧功率、最大力量以及力量增长率峰值的评估。体育科研工作者在此领域中起着极为重要的作用，他们运用自己的专业知识来评价运动员，并对训练系统效率的提升提出独到的见解。如果训练系统并非最佳，那么训练团队可以重新进行评价并进一步改进系统。

一般而言，直接与支持因素会在很大程度上影响训练系统的质量。直接因素包括那些与训练和评价相关的因素，而支持因素与管理水平、经济条件、专业化能力和生活方式相关。每一个因素对于整个训练系统的成功都发挥着重要作用，但直接因素的作用更为重要。直接因素的重要性进一步强调了这一观点：体育科研工作者为高质量训练系统的发展和完善作出了重大贡献。

高质量的训练系统对实现最佳竞技状态至关重要。训练的好坏，不只是由教练员决定，也有赖于多种因素的互相影响，这些因素对运动员的训练成绩存在一定程度上的影响。所以，凡是对训练质量有影响的因素均需有效实施并持续评价，根据实际情况进行相应的调整，由此才能更好地适应当代体育运动变化和发展的需要。

二、科学化运动训练的原则

运动训练的原则体现了运动训练过程中的客观规律，所谓遵循训练原则，是指在训练过程中按照客观规律行事，它极大地体现着训练的科学化水平；反之，违背训练原则则会导致训练工作混乱和盲目，就意味着违反了训练过程中的客观规律，最终导致训练不科学。从理论到实际都说明，正确地掌握和运用运动训练原则，不仅有助于提高运动成绩，而且对于促进运动员身心全面发展具有重大的正面作用。运动训练原则在指导训练实践中所发挥的巨大作用同样主要体现在这里。所以，实行科学化训练，就要遵守运动训练的原则，实施训练原则是科学化训练的最主要表现。

（一）一般训练与专项训练相结合的原则

一般训练与专项训练相结合原则主要指的是在运动训练时，应针对运动项目特点、运动员水平及不同训练时间和阶段任务等，对一般训练与专项训练的训练比重进行合理安排。

值得注意的是，一般训练与专项训练不管是在内容还是手段，抑或是在最终能够发挥出的作用等方面都存在较为明显的差异，但是此两者的最终目的是相同的，均以提高运动员专项运动成绩为目标。对青少年运动员来说，在训练的基础阶段，离开一般训练，过多采取专项训练的内容和手段，对今后的发展是不利的。一般训练与专项训练相结合的原则重要的是如何按不同水平和层次的运动员的实际情况，在训练过程的不同时期和阶段，恰当地安排好一般训练与专项训练两者的比重。

（二）系统的不间断性原则

系统的不间断性原则指的是从早期训练开始至优异运动成绩产生并维持与持续改进，直到运动寿命结束，都应系统地不间断贯彻运动训练的基本要求。

（三）周期性原则

运动训练过程的周期一般分为多年训练周期（4～8 年）、训练大周期（0.5～1 年）、中周期（4～8 周）、小周期（4～10 天）以及训练课（1.5～4 小时）这几种不同类型，并以此制订各种训练计划。

每个训练周期是由准备期、竞赛期和休整期三个相互紧密衔接的时期所组成的。而每个时期都有其各自的主要任务、内容、负荷的安排、手段和方法。

就运动项目的特点而言，各运动项目对运动员机体能力有不同的要求，而且赛季的安排也不尽相同，如体能类的耐力性项目，准备性训练和比赛都要消耗巨大的体能，并且需要恢复的时间相对较长，因而全年大周期就相对较少；而一些技能类的表现性项目和对抗性项目，尤其是球类，相对来说竞赛安排较多，赛季也长，全年训练大周期就多一些，多采用多周期（如双周期）制，或者竞赛期安排的时间较长。此外，冬季运动项目如滑雪、滑冰等，受季节的影响，一般也只安排 1～2 个大周期。在现代运动训练中，有的项目的优秀运动员年度中参加重大比赛的次数较多，并多次创造优异的运动成绩，因此有的研究提出多周期的安排，这在优秀运动员的训练中是需要进一步通过实践和科学研究加以探讨的。

（四）区别对待原则

区别对待原则是指在运动训练过程中，要根据运动员的个人特点，有针对性地确定训练任务，选择方法、手段和安排运动负荷。区别对待原则中所指的个人特点包括运动员的年龄、性别、文化水平、身体条件、承担负荷的能力、技术、战术水平和心理素质等各个方面；确定训练任务则是指从训练课直到全年或多年训练期望达到的目标和具体任务。

第二节　科学化运动训练的要素

一、训练量

训练量是训练的主要组成部分之一，因为它是实现高水平技术、战术和身体素质的先决条件[1]。训练量有时被错误地认为仅仅是指训练的持续时间，但实际上它包含以下部分。

第一部分，训练时间或持续训练的时间。

第二部分，行进的总距离或抗阻训练的总重量（即：训练负荷＝组数×重复次数×重量）。

第三部分，运动员在规定时间内完成一项练习或技术动作的重复次数。

训练量的定义可以简单理解为训练中完成活动的总量。训练量也可以被看作是一次训练课或一个训练阶段完成训练的总量。训练总量必须是量化的指标，具有可监控性。

训练量的准确计算依运动项目或活动类型而异。在耐力运动项目中（如跑步、自行车、皮划艇、越野滑雪及赛艇运动）采用训练经过的距离来确定训练量；在举重或抗阻训练中，采用公斤或吨位制（训练负荷＝组数×重复次数×重量）来衡量训练量，这是因为仅考虑重复次数不能合理地评价运动员完成的训练任务。重复次数也可以用来推算运动中的训练量，如快速伸缩复合式训练或棒球、田径等运动中的投掷动作。几乎所有的运动都会包含时间要素，但训练量的正确表达形式应该囊括时间和距离两个要素（如60分钟跑12千米）。

训练量的计算方法按照时间要素可以划分为以下两种。第一种是相对训练量，指一次训练课或训练阶段中一组运动员或运动队训练时间的总数。相

---

[1] 生态体育. 把握训练量与强度之间的关系 [EB/OL]. (2021-07-21) [2023-01-08]. https://www.sohu.com/a/478661300_505583.

对训练量不适用于计算单个运动员的训练量，因为无法得知单位时间内某一位运动员的训练量。另一种更好的衡量单个运动员训练量的方式是绝对训练量，它是指运动员个体在单位时间内完成训练任务的总量。

在运动员的职业生涯中，要不断增加训练量。随着运动员训练时间的增多，训练量的增加是运动员产生生理适应并提高运动成绩的前提。将初学者与高水平运动员进行比较后明显发现，高水平运动员能承受更大的训练量。随着时间的推移，训练量的增加对从事有氧运动、力量与功率项目、团队项目的运动员的发展具有重要的作用。同样，还需要增加技术和战术技能的训练，因为提高运动成绩需要进行大量的重复练习。

增加运动员训练量的方法有许多，以下是三种常见的有效方法。

第一种，增加训练的密度（即训练的频率）。

第二种，增加训练课中的负荷。

第三种，同时增加训练的密度和负荷。

研究人员表明，只要不引起过度训练，在训练中尽可能多地增加训练次数非常重要。另一些研究人员明确表示，训练频率越高，越能产生更大的训练适应效果。增加每天训练课的次数同样有益于运动员的生理性适应。对于优秀运动员来说，每周进行 6～12 节训练课，每个训练日又包含多节训练小课是常见的。运动员的恢复能力是制订训练计划中运动量大小的主要决定因素。它决定了在训练计划中制定多少训练量。高水平运动员之所以能承受大的运动量，是因为他们能够更快地从训练负荷中恢复过来。

二、训练强度

训练强度是对运动员完成高质量训练的另一个重要训练因素。强度是神经肌肉激活的函数，训练强度越大（如更大的功率输出、更大的外部负荷），神经肌肉被激活的越多。神经肌肉激活模式取决于以下四个要素：外部负荷、运动速度、疲劳程度及所从事的训练类型。另一个要考虑的因素是训练时的心理紧张程度。就训练的心理方面而言，哪怕是出现低水平的身体紧张，也会造成训练强度极大提高，从而导致注意力的分散和心理压力的产生。

训练强度的量化方式根据训练类型和运动项目而定。速度训练通常用单位速度、频次或功率输出（瓦特）来进行量化评定。在抗阻训练中，训练强度一般以公斤为单位、克服重力每米举起的重量（千克/米）或功率输出（瓦特）来量化。在团队项目中，训练强度通常用平均心率、无氧阈心率或最大心率的百分比来进行量化评定。

在年度训练计划的各个不同阶段中应包括不同的训练强度，特别是在小周期阶段，可以采用多种方法来量化和确定训练强度。例如，抗阻练习或高速度练习的训练强度可用最佳运动成绩的百分比来量化。这种方法认为最佳成绩意味着最大运动强度。再比如，一名运动员在 10 秒内完成 100 米冲刺，其速度则是 10 米/秒。如果这名运动员能以更快的速度跑完更短的距离（如10.2 米/秒），其训练强度则被认为是超最大强度，因为它已经超越了 100%的最快速度（见表 4-2-1）。

表 4-2-1　速度力量练习的强度等级

训练强度等级区	最大运动能力百分比	强度
6	>100	超大
5	90～100	最大
4	80～90	大
3	70～80	中等
2	50～70	低
1	<50	非常低

如表 4-2-1 所示，用大于最大负荷的 105%的阻力负荷完成的训练很有可能是等长运动或离心运动，因此这种训练强度被视为超最大强度。在耐力训练中（如 5 000～10 000 米），运动员可以用更快的速度跑完稍短的距离，因此可以使训练强度达到实际比赛中平均速度的 125%。

尽管高强度训练可以获得较大的进步，但这是较为不稳定的。值得注意的是，稳定性越低，越会出现过度训练或是造成伤病的现象。反之，低强度训练负荷虽然会导致进展较慢，但是并不会产生较强的生理适应刺激，且整个进程会表现得更加平稳。在进行训练计划时，需要系统性地变换训练量和训练强度，最终促使运动员生理适应达到最佳水平。

训练强度可划分为两种类型：绝对训练强度，是指完成训练所需的最大百分比；相对训练强度，是用来量化一节训练课或一个小周期的训练强度，即训练期完成的训练量总和及绝对训练强度。

三、训练密度

训练密度指的是运动员在单位时间内所接受训练课的次数。训练密度主要表现为单位时间当中训练和恢复之间的关系。所以，训练密度越大，训练阶段当中的恢复时间越短。由此就需要明确一点，在训练密度不断增大的情况下，运动员、教练员需要在训练和休息之间建立起一种平衡，这样才不会直接导致运动员出现过度疲劳或者力竭的情况，简单来说，就是需要极力避免过度训练的情况出现。

量化多次训练课（如在一个训练日或小周期）所需的最佳时间量非常困难，因为许多因素会影响运动员的恢复速度。在下一次训练课开始之前，本次训练课的训练强度和训练量对确定所需的时间量起主要作用。训练课的负荷（即训练强度和训练量）越大，就需要更长的恢复时间。另外，运动员训练情况、实际年龄等均对运动员恢复能力产生影响。在下一次训练开始之前，不需要从上一次训练中完全恢复，一般通过增加训练密度，并在训练日或小周期中运用不同负荷的训练课来促进恢复。

在耐力训练或间隔训练中，通常有两种安排"训练—休息"间隔的适宜方法：固定的训练—恢复比率；恢复的持续时间，能使心率恢复到预设的最大心率百分比。

（一）固定的训练—恢复比率

部分研究人员在研究间隔训练时运用了这一方法，通过控制训练—休息的间隔，教练员和运动员能够制订出发展特定生物能量适应的训练计划。用1:1 或 2:1 的训练—休息比率来发展耐力项目，而用 1:12 或 1:20 的训练—休息比率来发展力量和功率性项目。

（二）预设心率

决定恢复期时间长短的另一种方法是在下一次训练开始前确定必须达到的心率。方法一，为下一次训练的开始设定心率范围（120～130 次/分）；方法二，设定恢复时间，即运动员的心率恢复到最大值的 65%所需的时间。

可以通过量化相对训练密度来算出一次训练课的训练密度，公式如下：

$$相对密度 = \frac{绝对训练量 \times 100}{相对训练量}$$

绝对训练量是运动员个体的做功总时间，而相对训练量是一次训练课的做功总时间（持续时间）。假设绝对训练量是 102 分钟，相对训练量是 120 分钟，训练课的相对密度为：

$$相对密度 = \frac{102 \times 100}{120} = 85\%$$

计算出的百分比表示运动员有 85%的时间在训练。相对密度虽然对运动员与教练员有一定的价值，但是，训练绝对密度显得更加重要。绝对密度主要指的是运动员所完成有效训练和绝对训练量之间的比值。若要获得绝对密度抑或是有效训练，可通过绝对训练量与休息时间量相减来计算。具体计算公式如下：

$$相对密度 = \frac{(绝对训练量 - 休息时间量) \times 100}{绝对训练量}$$

假设休息时间量是 26 分钟，绝对训练量是 102 分钟，则绝对密度可计算如下：

$$相对密度 = \frac{(102 - 26) \times 100}{102} = 74.5\%$$

上述计算表明训练的绝对密度是 74.5%。确定训练的相对密度与绝对密度有助于建立高效的训练课。

四、复杂性

复杂性指一项技能的完善程度及生物力学难度。在训练时，技术越复杂就越需要增加训练强度。与掌握基本技能相比，学习一项复杂的技能可能需要更多的训练，尤其当运动员神经肌肉协调性差或在学习技能的过程中精力不完全集中时。让之前没有复杂技术训练经历的一群人参加该项训练，可以迅速地分辨出哪些运动员表现好、哪些运动员表现差。因此，运动或技能越复杂，运动员的个体差异与力学效率差别就越大。

即使是以前已经学会了的复杂技术，在训练时也会产生生理上的压力。

例如，艾尼赛尔（Eniseler）对足球运动员的研究表明，完成战术训练比完成技术训练的心率和乳酸堆积要高。在该项研究中，训练课的技术部分集中在没有对手的情况下进行技术练习。而在战术训练中，对手的存在显著地增加了训练的复杂性，因此心率和乳酸堆积也会增加。此外，在进行模拟比赛时也会出现上述反应，但只有在实际的比赛中才会产生最大心率及达到最高乳酸水平。鉴于此，教练员在技术复杂性较高的训练或活动中应考虑到不同训练课的生理压力。

第三节　体质的含义与测量评价方法

一、体质的含义

基于体育学的角度对身体健康进行评价，其中最为关键的一个综合指标就是体质。体质主要指的是机体有成效地和有效率地完成自身机能的能力，而且还是机体所具备的一种面对各种环境的适应能力。体质由多种参数共同作用而成，包括与健康、技能、代谢有关的几种体质参数，它们直接关系到整体的生活质量。体质可以作为疾病发生的危险因素，但不可能成为疾病的预测变量。应该说体质主要是站在人体机能与技能的角度来审视人体健康问题，通过它可以对个体健康进行全面评价，体质与个人高效率的工作能力、享受休闲以及对紧急情况作出反应等方面的能力密切相关。值得关注的是，体质的增强主要得益于主动参与体育锻炼，毕竟只有有规律地进行身体锻炼，才有可能获得最佳的体质。

（一）体质的概念

简单来说，"体质"就是一个人的身体的质量，它为各种形式的生命活动提供着坚实的物质基础，它以遗传性、获得性为基础，显示人体形态结构、生理功能、心理因素等方面的共同作用，具备相对稳定等特点。体质决定着人体的健康与疾病，也影响到人的生活方式、行为模式以及社会适应能力等多方面的功能。所谓理想体质，就是人体质量以一种良好的状态存在，它以遗传为前提，通过不懈努力，最终形塑出可以实现的形态、结构和生理功能等整体性的较好的状态。

（二）体质的内容

体质包括五个方面，分别是形态结构、生理功能、身体素质与运动能力（简称体能）、心理发展（或发展）与适应能力。

体质五要素密不可分，其中的某种形态结构不可避免地要显示出对应的生理功能；体能是身体各器官系统功能在运动时的一种客观表现；在发展体能的过程中，也会在一定程度上造成一系列形态结构的变化，并且生理功能也会发生改变；同时，在体能方面逐步发展与提升的过程当中，也会逐步产生特定的心理过程及个性心理特征，由此就能够在很大程度上有效推动人们的心理健康发展。

其一，形态结构由体格、体型、姿态、营养状况和身体成分构成。

其二，生理功能主要指的是机体代谢水平与人体内各种器官系统的效能。

其三，身体素质与运动能力是由速度、力量、耐力、协调性等要素构成的，其中还包含行走、跑步、跳跃等各种身体活动能力。

其四，心理发展（或精神因素）主要包含智力、情感、行为、个性、意志等方面内容。

其五，适应能力也主要包含两个方面的内容：一是适应多种环境的能力，二是抵御疾病的能力。

上述五个方面的情况最终明确了不同的人在体质水平方面的差异。因此，体质测试与评定是一个系统工程。当测量与评估体质以及考察增强体质实际效果的时候，不仅要明晰体质所具备的综合性特征，还需要深入了解衡量与评价的多指标性质。

二、体质的测量评价方法

（一）身体测量

若基于广义的角度对身体测量进行定义，一般我们认为其本身主要指的是对人体外形进行的测量。通过相关数据对身体结构以及身体发育情况进行分析研究，是现阶段较为常见的一种方法。通常包含对身高、体重、四肢长度等指标的测定。

通过测量人体，能够更加清晰地认识到受试者的身体发育状况以及相关特征，进而有的放矢地发现受试者的身体发育中存在的缺陷，以便及时采取对应措施加以改进。与此同时，在对相关数据进行多次测量并将相关结果进行深入的比较与分析之后，我们就能够据此研究发现人体在生长发育期间存在的普遍规律，进而对体育锻炼效果进行评价。

（二）身体测量的内容及方法

人体形态测量主要指的是对人体概括性特征进行测定。主要从观察和计量这两个方面对身体形态进行测量，其中观察的主要对象是姿势，而计量的主要观测对象是人体的身高、体重、胸围及其他指标。通过对身体形态进行测量，不仅能够获得人体生长发育规律研究当中的诸多重要资料，而且也能够更好地辅助分析个体发育特征，为个体发育水平的评估提供切实可靠的支持，并为运动员的选材提供重要信息。因此，从测定和评估中能够较为明确地发现锻炼的最终表现效果，这样才能更好地调动锻炼的积极性，并为之后的锻炼内容与方式提供所必需的科学依据。

1. 身高与体重的测量与评价

身高主要指的是人在站立时的高度，即从支撑面到头顶点之间的垂直高度。通过身高，我们能够明显发现人的骨骼的发育情况，所以这是对生长发育的水平进行评价的一个重要依据。通过对身体长度的测量，可以准确分析骨骼的发育状况。

在进行测量的过程当中，被试者需要保持光脚的状态，呈立正姿势站于身高计底板之上，将自己的脚跟并拢，并且尽力向后靠，以确保自己的脚跟、骶骨部、两肩胛间区能够与支柱相接触，被试者的躯干保持自然直立，头也要保持直立的状态，但是不需要倚靠立柱，与此同时，人体的两只眼睛需要始终保持平视，耳屏的上缘和眼眶的下缘保持在一个水平上面。在这一过程当中，测试者应当站立在被试者的一侧，调整水平压板，使其能够在立柱上轻轻向下滑动，最终轻按在被试者的头顶，在上述步骤结束之后，测试者的双眼需要和压板的平面呈现出同一高度，开始读数记录。

体重是一个人横向发育的标志，是人的骨骼与肌肉以及各种器官与内脏重量的综合情况的反映，也在一定程度上反映出了人体的肌肉发育程度。值得注意的是，体重的大小会受到多个方面因素的影响，其中包括年龄、性别、身高、生活状况等。一般而言，在进行测量的时候，男生只需要穿着短裤，女生需要穿着短裤和背心，除此之外，在进行测量之前，还需要彻底进行大小便。在进行测量的过程当中，被测者需要光着脚轻踏在秤台的正中央，并确保身体始终维持着平衡的状态，在此过程当中绝对不能够和别的东西接触。标准体重的公式如下：

$$标准体重（公斤）=身高（厘米）-（100/105/110）$$

身高在 165 厘米以下者减 100；身高在 165～175 厘米者减 105；身高在 176～185 厘米者减 110。

在标准体重±10%均为正常，10%～19%为超重，超过 20%为肥胖。

2. 坐高的测量与评价

所谓坐高，就是人在正常坐姿下，头顶点与坐板平面之间的垂直高度。坐高为判断儿童生长发育水平提供了一个很好的指标。通过躯干长度的测量，就能够更好地间接掌握人体的内脏器官的发育情况。坐高能够更为真实地反映出躯干骨骼纵向发育的主要情况，其中，需要格外关注的是，坐高、身高、体重这三者所组成的指数也能在很大程度上直接反映出人体比例及营养状况。

被试者在进行测量的过程当中需要处于仪器坐板之上，自身的骶骨部与两肩胛间正靠着立柱，保持自身躯干的自然与挺直，两条腿需要并拢，而大腿则需要和地面保持平行，并最终与小腿呈直角，上肢以自然放松的姿态下垂，人的两只手绝对不能撑在坐板上，除此之外，被试者的双脚需要踏地，测试者的测量操作步骤与身高测量是相同的。

通常情况下，坐高也会像身高一样随着个体年龄的增加而不断增加。

3. 胸围的测量与评价

胸围主要指的是人体胸廓外的圆周长度。由于胸部和身体其他部分一样，也在不断地生长，因此它又反映了人体内环境变化对人体影响的信息，可用于评价人体各组织器官的功能状态及健康程度。通过对胸围的测量，能够更好地了解人体宽度与厚度的准确数值，进而通过相关数值切实了解到人体的生长发育情况。

在测量的过程当中，被试者需要以自然放松的姿态站立，保持两肩的松弛，上肢呈自然下垂状，测试者使用带尺作为测量工具在被试者的胸廓上以环绕一周的测量方式获得准确的数据，将背部带尺上缘置于肩胛骨下角之下，将胸部带尺的下缘置于乳头的上缘，对于部分在身体方面已经发展成熟的女生，带尺要放在乳头以上的第四肋骨和胸骨的接合之处，并在一侧观察，带尺为水平状态的圆形，在被试者呼吸还未开始时测其胸围。

不管是男生还是女生，自身的胸围会随着身体发育、年龄增长而不断增大。通常情况下，男生在 20 岁的时候，女生在 18 岁的时候，自身胸围将不会大范围增加。

（三）生理机能的测量与评价

一般而言，生理机能水平就是指人体的新陈代谢和各个器官与心肺系统的工作效能。值得注意的是，生理机能测评包括许多方面，以下主要阐述和体育运动以及身心健康有很大联系，并且也适合群体测评的项目及评价方法。

1. 安静脉搏

测量相对安静时的脉搏频率，是指在单位时间内（1 分钟）动脉管壁搏动的次数。它主要反映心脏和动脉本身的机能状态。正常成年人安静时的心率大约为 75 次/分，生理变动范围为 60～100 次/分。

心率随年龄、性别、机能状态不同而不同。在成人中，女性心率较男性心率快约 3～5 次/分，在安静状态下，缺乏体育锻炼的人比经常参加锻炼的人心率快。即使是同年龄、同性别的人，其心率的差别也很大，个体之间差别之所以大，除可能与遗传因素有关之外，主要与个体的健康状况和锻炼（训练）水平有关。如进行过训练的运动员，安静时心率较慢，可低于 60 次/分或更少。

2. 血压的测量与评价

血压是血液流经血管之时，作用于血管壁的一种侧压力，泛指体循环内的动脉血压。它是表示心血管机能水平高低的重要标志，亦为健康检查常规项目之一。

动脉血压保持一定的水平，就能够更好地保障大脑的血液供应。若是血压出现过低的情况，人的身体内部各脏器及组织的血液供应就会出现问题，进而导致相关器官缺血、缺氧,严重的会使人体的器官机能受到损害。此外,动脉血压在过高的情况之下,就有很大可能引发心功能不全的情况,甚至还会直接导致血管内膜受损或者出现断裂,进而引起脑溢血及其他严重后果。所以,确保动脉血压始终维持相对平稳的状态,对于人体生命活动来说至关重要。

3. 肺活量的测量与评价

肺活量体现了被试者在单次呼吸过程中肺部最大通气能力,它是一项极为重要的机能指标,充分反映出人体的生长发育水平。它既可作为评价呼吸系统功能状况的一个客观依据,又能为运动训练提供理论依据。并且值得关注的是,肺活量的大小受到很多因素的影响,其中较为突出的就是呼吸肌是否有力以及肺与胸廓弹性等。

(四)身体素质的测定与评价

一般而言,我们认为身体素质主要就是指人体在生产、生活等活动当中所表现出的各种机能能力。总的来说,若要熟练掌握各种运动技术并提高运动成绩,就需要将身体素质作为根本,它是组成体质的一个极为重要的部分,所以,从事体育教学和训练或者体质研究时,需要格外重视对身体素质的测定和评价。

1. 速度素质

所谓速度素质,主要指的是在最短的时间区间当中完成某些动作的能力,常被人们认为是体育运动当中的主要素质之一,速度素质主要包含三个部分的内容,分别是反应速度、动作速度(完成某些动作的速度)以及相关动作的频率。其中,反应速度在某些时候也会被人们称作反应时间,主要表现的是机体在面对刺激的时候所作出反应的时间间隔,举例来讲,就是在体育比赛当中发令枪响到运动员动作的时间;另外,动作速度就是人体在成功实现某些运动所使用的时间,也可以指在一段固定的时间当中能够移动的距离,比如参加 50 米跑或者 100 米跑时的跑步速度等等。50 米跑就是测一下听到信号之后的反应和跑速。

2. 力量素质

在人体的肌肉紧张或者收缩时就会产生力量,而这也正是人体在运动过程中所具备的第一素质，其他素质主要以它为基础。从肌肉收缩形式来看，力量可以分为两种，分别是静力性力量与动力性力量。一般而言，力量也能够被分为一般力量、速度力量（爆发力）、力量耐力。一般力量为速度力量与力量耐力之根本，培养一般力量可以在一定程度上有效促进爆发力的提升，增强力量耐力。但是需要注意的是，力量耐力与爆发力之间并不总是会产生积极影响。通常情况下，测评力量素质可采取单杠引体向上、曲臂悬垂、双杠两臂屈伸、立定跳远和仰卧起坐等方式。

3. 耐力素质

耐力素质指人体长时间进行肌肉活动并克服疲劳的能力，耐力分为肌肉耐力和心血管系统耐力两类。人们采用的中长跑，如男子 1 000 米跑、女子 800 米跑发展的是心血管系统的耐力，这是大中学生增强体质的重点项目。耐力还有有氧耐力和无氧耐力之分，人们开展的慢跑等运动就是发展有氧耐力。

（1）男子 1 000 米跑测量心血管系统及有氧耐力。受试者按田径规则进行测试。

（2）女子 800 米跑测量心血管系统及有氧耐力，受试者按田径规则进行测试。

4. 柔韧素质

柔韧性是指人体活动时关节、韧带、肌肉、肌腱和皮肤的活动幅度及其伸展能力。柔韧素质的提高有利于提高动作幅度和协调性，也有利于防止伤害事故。

发展柔韧素质可采用静力和动力两种方法，例如，压腿是静力，踢腿是动力，静力和动力练习两者应结合起来。发展柔韧素质还可采用主动和被动两种方法。例如，踢腿是主动，让同伴帮助进行扳腿就是被动，主动与被动也应结合起来。通常测试柔韧素质的方法是立位体前屈、纵劈叉等。

5. 灵敏素质

所谓灵敏素质，就是在多种多样的复杂情况之下，迅速而准确地响应刺激，灵活地控制身体，并根据不同的实际情况作出对应的改变，其本身是与力量、速度以及柔韧性等素质存在紧密联系的综合素质，是人的身体处于活动状态时，各个与之相关的器官系统、身体素质与运动技能相互配合的综合体现。通过不断增强对灵敏素质的培养，有助于人们更好地掌握动作技术，除此之外，还能够更好地促进速度与力量的施展。一般情况下，若是对灵敏素质进行探测，可以使用的方法有多种，如立卧撑和象限跳等。

立卧撑测试的主要目的是测试人快速转换姿势并且能够准确且协调地完成某些特定的动作的能力，在进行测量的时候，研究对象需要从站立姿势出发，依次进行以下操作：先将自己的双手放置在脚前，成撑地姿势，变成蹲撑；之后双臂伸直，双腿伸向俯卧的姿势；再次，缩回双腿转变为蹲撑的姿势；最后恢复站立姿势。值得注意的是，以上为一次行动，在进行测量的时候，需要准确记录被试者在一分钟之内能够做出多少次合格动作。

第四节　大学生体质健康标准

一、我国体质测试和评价的发展阶段

我国大规模的体质健康测试工作于 20 世纪 70 年代末开始。现在主要包括 5 年一次的国民体质监测和每年的学生体质健康标准测试工作。我国体质健康测试的主要标志性工作如下。

1979 年进行了 16 个省市青少年身体形态、机能和素质的调查研究。

1985 年开始进行大规模的青少年体质调研。

1991 年、1995 年开展了中国学生体质与健康状况调查研究。

1996 年颁布了《中国成人体质测试标准施行办法（试行）》。

2000 年以后，在全国范围内开展每 5 年一次的大规模、全年龄人群的体质监测工作。

2002 年开始试行《学生体质健康标准》。

2007 年开始在全国实施《国家学生体质健康标准》。《国家学生体质健康标准》测试项目和内容包括：形态指标（身高、体重）；功能指标（肺活量、台阶试验）；素质和运动能力［长跑（男子 1 000 米跑，女子 800 米跑）、50米跑和立定跳远（任选一项），仰卧起坐和坐位体前屈（任选一项），握力］；动作技能（跳绳、篮球运球、足球运球、排球垫球）。

二、实施《国家学生体质健康标准》的重要意义

若要使一个国家和民族表现出极为旺盛的生命力，就需要绝大多数青少年始终坚持身心健康、体魄健壮、意志坚定、朝气蓬勃，它昭示着社会文明的进步，是一个国家综合实力表现当中最为关键的方面，是一个关系到国家、民族前途命运的问题。青少年时期是其身心健康及身体素质得到飞速成长的关键时期。值得注意的是，青少年的体质健康水平的高低，不但会在很大程度上影响着个体的健康发展以及之后是否能够享受幸福生活，还在一定程度上与全民族的健康素质有关联，事关我国人才培养之品质。由此，就需要借助《国家学生体质健康标准》测试制度，不断引导学生主动参与体育锻炼，增强自身体质，促进学生健康水平的提升，以便能够成功将学生培养成综合性的高素质人才。

自从改革开放之后，我国的青少年体育事业蒸蒸日上，并且学校的体育工作也取得了丰硕的成果，在此过程当中，我国青少年的营养水平及形态发育水平也越来越高，进而促使全民的健康素质得到大幅度提高。但我们一定要明确以下两个方面的问题：一方面，因为近年来各学校都在片面地追求升学率，所以导致这些年以来，我国的社会与学校都有重智育、轻体育的情况持续存在，在此过程当中，很多学生在课业方面都有着繁重的负担，严重缺乏休息与运动的时间；另一方面，因体育设施与条件的不完善，学生的体育课、体育活动等很难得到保障。由此就会直接导致越来越多的青少年在耐力、力量与速度等方面的体能指标不断降低，并且越来越多的青少年在视力方面也开始出现问题等。另外，一些农村青少年的营养状况并不理想，还有待提高的空间。如果不能有效地解决上述问题，那么就会给青少年的健康成长造成较大的不利影响，甚至还可能会对国家、民族的前途与命运产生较为严重的影响。

（一）贯彻落实《中华人民共和国体育法》

《国家体育锻炼标准》是经国务院批准实施的我国重要的体育制度，《中华人民共和国体育法》明确规定：学校必须实施国家体育锻炼标准，对学生在校期间每天用于体育活动的时间给予保证。《国家学生体质健康标准》（以

下简称《标准》)是新时期对于《国家体育锻炼标准》的继承与发展,目的在于鼓励广大儿童和青少年自觉积极地锻炼身体,促使身体的正常发育和全面发展,增强体质,以全面建设社会主义现代化国家,培养德、智、体、美全面发展的建设人才服务。《标准》的实施不仅会促进学生积极锻炼,纠正和改变目前学生体质健康状况出现的突出问题,使学生拥有健康的体魄和健全人格,而且还是依法办学、依法执教的重要内容。

(二)贯彻落实"健康第一"的指导思想和全国学校体育工作会议的精神

学校教育,特别是学校体育直接肩负着"增强学生体质"和"促进学生健康"的使命。2006 年 12 月,在全国学校体育工作会议中,对开创学校体育工作的新局面提出了"建立和完善监督机制,确保学校体育工作各项政策措施落到实处"的要求。为落实这一要求,教育部、国家体育总局《关于进一步加强学校体育工作,切实提高学生健康素质的意见》(教体艺〔2006〕5号)中明确提出:"全面实施《学生体质健康标准》。建立《学生体质健康标准》测试报告书制度,测试报告书要作为中小学生成长记录或中小学生素质报告书的重要内容。测试报告书要列入高等学校和高中阶段学生档案,并作为学生毕业、升学的重要依据。建立《学生体质健康标准》公告制度,教育部定期公布各省、自治区、直辖市和高等学校实施《学生体质健康标准》的情况和测试结果。建立新生入学体质健康测试制度,高等学校、普通高中和中等职业学校要组织新生进行《学生体质健康标准》的测试,其结果反馈给地方和下一级学校。"

新颁布的《标准》明确了测试数据上报工作的要求,由各学校将本校各年级的测试数据直接上传到教育部"国家学生体质健康标准数据管理系统"中国学生体质健康网,上报时间为每年 9 月 1 日至 12 月 31 日。该系统可根据上报的数据提供多种报表,供教育部发布公告时使用,从而确保国家能够比较迅速、准确地把握学生体质健康的发展情况和变化趋势,促进《标准》的全面实施。

(三)满足社会发展对人体健康的需要

现代文明虽然给大多数人带来了丰富的物质享受,但是还在一定程度上对人类的健康产生了新的危害。而且，近年来，随着生活水平的提高，人们对身体健康越来越重视。然而，因精神紧张、营养过剩、缺乏锻炼以及其他因素所造成的非传染性疾病正在世界范围内扩散，由此，亚健康状态人群与日俱增。关心生命、追求健康，是现代人所孜孜以求的。实施《标准》对于唤起学生的健康意识、改变学生不良生活习惯和生活方式、促进学生健康成长必将起到积极的作用，这是激励学生积极进行身体锻炼的教育手段，而不是为了甄别和选拔优秀体育运动员，在《标准》当中主要使用的是个体评价标准，其中诸多标准的测评对象就是个体的身体形态、身体机能、身体素质、运动能力，有的测评项目还表现出了简单实用以及锻炼身体的强实效性等特征，它的存在可以有效促进学生发现自己的缺点抑或是个体间存在的差异，它以测评的方式激发学生主动参与体育锻炼的积极性，通过运动，进一步提高学生的体质健康状况，使得学生的身体能够全面且健康地发展，最终使得学生能够成为一个奉行正确体育意识并始终坚持健康的生活方式、有着高素质的社会主义建设者，由此就能够促使学校体育在提高国民健康素质方面发挥自身重要且独特的作用。

（四）发展和完善学生体质健康评价体系

学生体质健康评价是学校体育工作中的重要环节，也是学校教育评价体系中的重要组成部分。正确、合理地对学生进行体质健康评价，对于促进学校体育和教育工作有着重要的意义。《标准》是在继承了《准备劳动与卫国体育制度》（简称"劳卫制"）《国家体育锻炼标准》的成功经验，认真总结了《学生体质健康标准》试行工作的基础上，根据当前学校体育工作中的有关问题，特别是学生体质调研所发现的肺活量水平持续下降趋势，速度、爆发力、力量耐力、耐力素质水平进一步下降，肥胖检出率持续上升等问题的基础上，参考国际上有关研究的成功经验和先进做法，对《学生体质健康标准》进行了修改和完善，定名为《国家学生体质健康标准》并正式颁布实施。新标准对于评价学生的体质健康状况，引导学生积极锻炼都有了新的发展。新标准从建立和完善我国学校教育评价体系的目标出发，体现了学校体育的价值，回答了学校体育为什么要以"体质健康"为本和怎样以"体质健康"为本的问题，明确了"体质健康"不仅应是学校教育和学校体育追求的目标，而且还是学校体育课程存在的根本理由。新标准的实施将对我国深化学校体育改革、完善体质健康评价体系、促进全体学生综合素质的提高，具有深刻的影响和深远的历史意义。

因此，要深刻地理解贯彻落实《标准》的现实意义和深远的历史意义，积极地组织、宣传和认真贯彻落实新标准，从全面提高中华民族素质的高度出发，提高学生对新标准目的意义的理解和认识，激发学生积极锻炼身体的主动性和自觉性，不断提高体质水平和健康素质，使新标准的贯彻落到实处。

三、《国家学生体质健康标准》实施办法

《标准》的实施工作在教育部、国家体育总局的领导下，由各级教育行政部门管理，体育行政部门指导，学校组织实施。

《标准》的组织实施工作在校长领导下，由学校体育教研部门、教务部门、校医院（医务室）、学工部门、辅导员（班主任）协同配合共同组织实施。《标准》的测试应与学生的健康体检有机结合，避免重复测试。学生的《标准》测试成绩按评定等级记入《国家学生体质健康标准登记卡》，小学列入学生成长记录或学生素质报告书，初中以上学校列入学生档案（含电子档案），作为学生毕业、升学的重要依据。对达到及格以上成绩的学生颁发证书。《标准》的实施工作计入教师的教学工作量。

《国家学生体质健康标准》中关于大学生的测试内容及权重如下：大学各年级均为必测 3 个项目，选测 3 个项目，合计需要测试 6 个项目。身高、体重、肺活量为必测项目；从台阶试验、1 000 米跑（男）、800 米跑（女）中选测一项；从坐位体前屈、仰卧起坐（女）、引体向上（男）、掷实心球、握力中选测一项；从 50 米跑、立定跳远、跳绳、篮球运球、足球运球、排球垫球中选测一项。

第五节　大学生体育锻炼卫生常识

一、个人卫生

个人卫生是体育卫生的重要组成部分。体育运动参加者的个人卫生状况，

不仅对增进人体健康、预防疾病具有重要意义，而且还能促进身体锻炼的效能和对伤害事故的预防。

（一）建立合理的生活制度

生活制度是指对一天内的睡眠、饮食、工作（或学习）、休息和体育锻炼等各项活动作出基本固定的时间安排。

人体的一切活动都是在大脑皮质的支配下进行的，大脑有关神经细胞建立有规律的活动秩序，这就是大脑皮质活动的"动力定型"。"动力定型"建立后，机体会在一定的时间内，对即将进行的活动在生理上作出准备。例如，有了定时进行体育活动的习惯，到了相应的时间，神经系统的兴奋性会增高，在神经体液的调节下，呼吸、循环系统以及机体的代谢能力也会随之加强，以适应体育活动的需要。

1. 保证充足的睡眠

睡眠是人的一种生理需求，约占人生 1/3 的时间，皮质细胞中由于工作所消耗的能量物质可在睡眠中得到恢复。睡眠不足，可使大脑皮质工作能力下降；长期睡眠不足，可使大脑皮质细胞的功能失调，严重影响身体健康。

人每天应保证一定的睡眠时间，年龄越小，需要睡眠的时间也就越长。一般情况，成年人每天应有 8 小时的睡眠，中学生约需 9 小时，小学生则需 10 小时左右。身体活动量较大时，应适当增加睡眠时间。夏季，为补充夜晚睡眠的不足，最好有一定的午睡时间。睡眠时间充足，才能有效地提高人们的学习和工作效率。

2. 养成良好的饮食卫生习惯

良好的饮食卫生习惯对保证消化系统的正常生理活动和营养物质的吸收具有重要意义。对体育运动参加者来说，还应注意进餐与体育运动之间应有一定的时间间隔。

3. 科学地安排工作（学习）和休息

工作和学习是一天中最重要的活动，对此应作出科学的安排。成人每天的工作学习时间应为 9 小时左右，中学生每天的学习时间以 6 小时为宜，而小学生则应更少，因为过长的学习时间会对儿童少年的身心健康产生不良影响。因此，在学习和工作中，尤其要注意张弛有度、劳逸结合。

休息可分为安静性休息和活动性休息。安静性休息是指原地站立或坐卧不动的静态休息，活动性休息是指以身体主动运动来替代原来的工作或学习的动态休息，如散步、做操、打太极拳等。

4. 坚持参加体育锻炼

体育锻炼是以增强体质为目的的身体活动过程，体育锻炼能促进机体的新陈代谢，增进身体健康。因此，在每天的生活中，应保证有一定的体育锻炼时间。儿童少年正处在生长发育时期，每天安排适当的体育活动，对促进他们的正常生长发育具有重要意义。

5. 经常进行自然力锻炼

自然力锻炼是指利用日光、空气和水等自然条件进行的一种身体锻炼。自然力锻炼对于提高机体对外界自然环境的适应能力和对疾病的抵御力有积极的作用。自然力锻炼还能增强中枢神经系统的调节功能，改善心血管、呼吸、皮肤等器官系统的功能，促进新陈代谢，从而达到增强人体健康的目的。

（1）空气浴

空气浴主要是利用空气的温度、湿度、流速以及离子作用来刺激皮肤，反射性地引起体表血管的收缩和舒张，借以改善体温调节功能。

从事空气浴时，锻炼者应尽量裸露肢体或穿着较单薄的衣服在户外活动，也可与其他项目的锻炼结合起来，如裸露肢体在室外打球、跑步等。

（2）冷水浴

冷水浴主要是利用水的温度、压力和化学作用等进行身体锻炼的一种方式。冷水浴有提高神经系统的兴奋性，使呼吸加快、心脏搏动加强、体表血管收缩及加速人体物质代谢过程。

冷水浴的基本方法有冷水擦身、冲淋和游淋等多种形式。

采用冷水浴要因人而异，且应有一个适应过程，一般经过一段时间的适应后，人在水中的兴奋状态和技术动作、活动能力都会趋向于正常。如果开始出现关节活动灵活性下降或有畏寒感觉时，应立即结束冷水浴。

（3）日光浴

日光浴主要是利用日光光谱射线对机体的作用来增进身体健康的一种锻炼方法。紫外线有杀菌和预防佝偻病等作用。

日光浴最好在毗邻江湖、海滨或郊外空气清新的地方进行，时间应根据日光强度来决定。在炎热的夏季，应安排在上午 7—10 时、下午 4—6 时进行，而在寒冷的冬季，则应选择在中午 11—14 时进行。进行日光浴的气温一般应为 18～32 ℃。在温暖的季节进行日光浴时，头部和眼睛应避免太阳的直射，身体其他部位应尽量裸露。日光浴后应在阴凉处休息一段时间后再进行冷水浴或其他运动。

（二）穿着应清洁、舒适、美观

人的穿着主要有服饰、鞋帽等，它们对人体起着保暖和防止外界不良因素侵害的作用。平时的穿着应提倡舒适、清洁、美观和富有个性。

进行体育运动时，应选择舒适、透气性好和有利于运动能力发挥的服装。体育锻炼时的鞋子应轻便、柔软、富有弹性和具有良好的通风透气性能，并符合运动项目的特点。

（三）保护好皮肤和牙齿

皮肤除了能保护机体免受外界侵害外，它还是一个感觉器官。皮肤里分布着丰富的神经末梢、大量的汗腺以及皮脂腺。当汗腺和皮脂腺的开口被封堵时，就有可能因细菌的繁殖发生疖肿和毛囊炎，所以，体育锻炼后应洗澡或擦身，以保持皮肤清洁。

牙齿间经常会留有食物残渣，因此餐后要用温水漱口，以保证口腔的卫生。

（四）保护视力、预防近视

视力对人们的工作、学习和家庭生活都有重要的影响，注意用眼卫生，保持良好的视力是个人卫生中不可忽视的内容。尤其是重视保护学生的视力，这对青少年一代的全面健康成长具有重要意义。

为了保护青少年的视力和预防近视眼的发生，应注意培养他们形成良好的用眼卫生习惯，如应经常参加体育锻炼，全面增强体质。读书写字时，姿势要端正，眼与书本的距离要保持在 30～35 厘米，并尽可能使书本平面与视线成直角。切勿躺着、走路或在摇晃的车厢里看书读报，避免在昏暗和耀眼的光线下学习、阅读和书写，看电视时间不宜过长。实践证明，每天坚持做眼保健操，保持眼睛清洁，是保护视力的有效手段。

（五）杜绝不良的生活嗜好

吸烟和饮酒过度，可导致许多疾病的发生，严重影响身体健康。

1. 吸烟对人体的危害

烟草中含有尼古丁（烟碱）、毗啶、烟焦油、一氧化碳等多种有毒物质，对人体健康危害很大。

吸烟对中枢神经系统虽有短暂的兴奋作用，但随后会产生持久性麻痹，扰乱大脑皮层兴奋与抑制过程的动力平衡，引起神经系统功能紊乱，久而久之会出现神经过敏、记忆力减退、失眠、多梦等。

吸烟对呼吸道损害很大，烟尘刺激支气管上皮的杯状细胞，使其分泌增加而致多痰，并使气管、支气管纤毛摆动变慢或紊乱，从而破坏上呼吸道的正常防御功能，使呼吸道易感性增加，同时使得咽喉炎、气管炎、肺气肿、肺癌的发病率增高。

烟草中的烟碱可刺激神经系统，引起血管痉挛、血流变慢，血压轻度升高，心率加快，甚至出现心律不齐，并能加速动脉粥样硬化的过程。烟草中的一氧化碳可削弱血红蛋白携带氧气的能力，致使组织缺氧，可导致冠状动脉功能不全的人诱发心绞痛。

烟碱能抑制胰酶的活性，减少消化液的分泌，改变胃液的酸碱度，扰乱幽门的正常活动，抑制胃肠蠕动。因此，吸烟者患慢性胃炎、胃和十二指肠溃疡病的比率比不吸烟者高数倍。同时，吸烟可刺激口腔黏膜，引起慢性炎症，甚至在腭、颊黏膜和舌等部位发生白斑（烟斑），形成癌前病变式癌变。吸烟可使牙齿发黄、松动和短缺、脱落，舌苔厚腻，味觉减退。

此外，孕妇吸烟将会影响胎儿发育，使婴儿体重、体力、智力等发育水平均低于一般婴儿的平均水平。吸烟还可损害中耳，使听力下降。

综上所述，吸烟对人体健康的危害是多方面的，尤其对儿童、青少年的危害更大。因此，必须教育青少年养成不吸烟的良好习惯。

2. 饮酒对人体的危害

酒中含有会影响人体健康的酒精物质，酒精含量越高，对人体的危害就越大。一般白酒的酒精含量为40%～60%，葡萄酒、橘子酒含酒精8%～12%，啤酒含酒精3%～5%。经常饮用高度酒，会对人体的高级神经中枢、消化系统及心血管系统等产生极为不利的影响。

酒精首先对高级神经系统起麻痹作用，使神经抑制能力降低。

酒精对消化系统的不利影响也十分明显，它可直接刺激咽、食道和胃等器官，可引起咽炎及慢性胃炎等疾病，影响消化器官的功能。酒精可降低心肌的收缩力，影响心脏的正常功能。吸收到体内的酒精，90%由肝脏处理，研究发现，肝脏处理相当于一瓶啤酒的酒精需要 4 小时。

因此，大量饮酒会导致肝脏工作量加大，给肝脏造成沉重负担，并导致运动能力下降。

吸烟和饮酒同时进行，对人体的危害更大，因为溶解在酒精中的烟碱和其他有害物质可以通过胃肠吸收而直接进入血液，影响心血管系统的功能。饮酒后血流速度加快，加快了有毒物质通过循环系统传递到身体各部位的过程。

在日常生活中，应提倡不吸烟、少饮酒，更应避免烟、酒同进。

二、精神卫生

一个人的健康应包含身体、精神和环境适应三个方面的良好状态。人体是不断与自然环境和社会环境相互作用的精神和身体的复合体。人类为了更好地适应环境，在生活过程中不断地对所感知到的环境刺激作出相适应的心理和生理反应。

精神卫生与人体的生理活动和社会实践有着密切的联系。客观现实的刺激和人所特有的大脑功能所产生的心理活动，如思想、情感、意志和行为等，都会影响机体的某种生理活动过程，进而影响机体的内部平衡和适应环境的能力，即影响人体的健康。现代大量的医学研究和临床实践证明，心理因素对疾病的发生、发展、治疗和预防都具有一定的作用，故有人将高血压、消化性溃疡、支气管哮喘等与精神因素特别有关的疾病称为"精神生理疾患"。

注意个人精神卫生，应加强自身的思想修养，陶冶道德情操，提倡精神文明。在社会活动中应努力做到胸襟开阔，乐观开朗，勤于奋斗，敢于开拓，时时生机勃勃，愉快活泼。在社交活动中，要正确地对待自己和别人，严以律己、宽以待人并乐于助人。

注意个人精神卫生，还必须加强学习，培养自己广泛的兴趣爱好，提高自己对美好事物的欣赏能力，从而使生活丰富多彩，对生活充满信心。

（一）精神卫生的概念

精神卫生的本义，即保护精神（心理）健康。

较完整的精神卫生概念是维护和增进个体的精神健康水平，培养健全的人格，完善良好的社会适应能力以及防治心理障碍和心理疾病。

（二）精神健康的标准

按照生物—心理—社会医学模式，躯体健康、心理健康、社会适应良好和道德健康这四方面都健康者，才算是真正的健康。心理因素除受躯体健康制约之外，还与社会学、伦理学及行为科学互相渗透，精神健康的基本标准包括如下七个方面。

第一，智力是人的观察力、注意力、想象力、思维力和实践活动能力的综合体现；智力正常是人正常生活的最基本的生理条件。

第二，善于协调与控制情绪，保持心境良好。心理健康者能经常保持愉快、开朗、自信和满足之心，善于从生活中寻求乐趣，对生活充满希望。同时，还应具有较好的自我控制力及适应环境的能力。

第三，具有坚强的意志品质。意志是人意识能动性的集中体现，是个性重要的精神支柱。健康的意志有以下特点：目的明确合理、自觉性高，善于分析情况；果断，有毅力，心理承受力强；自制力好，不放纵任性。

第四，人际关系和谐。个体的心理健康状况主要是在与他人交往中表现出来的。具体表现：乐于与人交往，既有广泛的人际关系，又有知己的朋友。交往中积极态度多于消极态度。

第五，能动地适应和改造现实环境。有积极的处世态度，对社会现状有较正确的认识，其心理行为能顺应社会文化的进步趋势，勇于改造现实环境，以达到自我实现与奉献的协调统一。

第六，保持人格的完整与健康。人格是个人比较稳定的心理特征的总和。人格完整与健康的标志：首先，以积极进取的人生观作为人格的核心，并以此有效地支配自己的心理行为；其次，具有清醒的自我意识，不产生自我同一性混乱；再次，有相对完整统一的心理特征；最后，人格的各个结构要素不存在明显缺陷与偏差。

第七，行为符合年龄特征。心理健康者应具有与同年龄多数人相符合的心理行为特征。一个人的心理行为如经常偏离其年龄特征，一般都是心理不健康的表现。

三、体育锻炼卫生

（一）体育锻炼的基本原则

为了增进健康、保障安全、提高运动技术水平，应注意以下运动训练基本原则。

1. 循序渐进的原则

在学习运动技能时，要由简单到复杂，由易到难，逐步地学会和掌握某项运动技术。在运动量安排上也要由小到大，逐渐增加。每次训练课都要做适当的准备活动和整理活动。

运动技能形成的过程具有一定的生理学规律，所谓运动技能的形成，其实质是条件反射的形成，是在大脑皮质建立的一种暂时性神经联系，复杂的有意识的运动需要脑的某部分参与，其形成可分为三个阶段。

第一阶段的特点是兴奋过程广泛扩散。初学某项动作时，强大的内外本体感受性冲动传入中枢神经系统，由于内抑制过程尚未确立，因而在大脑皮层内形成广泛兴奋和抑制区，由于兴奋和抑制的扩散而使动作僵硬，很多不该参与活动的肌群也参与了，而应该收缩的肌肉兴奋强度不够，运动器官与内脏之间还缺乏适应性联系。结果就会妨碍动作的完成，并且消耗过多的热量。这一阶段尚未掌握运动技能。

第二阶段的特点是分化性抑制（又称内抑制）逐渐发生，皮层兴奋和抑制过程在时间和空间上集中起来，确立了分化。由于内抑制的发展，保证了条件反射的精确化和专门化，运动活动变得越来越协调。在某些运动模式里，把运动单位中处于活动的以及进行支持性工作的肌肉群集中在一个准确的时间、空间、频率和范围之中。在此阶段，第二信号系统语言起重要作用。此时，要避免形成错误的动力定型。这一阶段已经掌握了运动技能。

第三阶段为稳定阶段，完成动作高度协调，皮层动力定型巩固，机体各系统活动的协调性改善，很多动作的完成达到自动化程度。

综上所述，掌握运动技能及提高机体各系统机能都要有一个过程，在训练中注意遵守这一原则可防止发生过度紧张和创伤等。

此外，在每一次训练课时都要做好准备活动。在运动时神经系统兴奋性提高，心脏血管和呼吸器官活动加强，新陈代谢过程发生改变，但这些变化不是立刻就能实现的，要通过准备活动使身体温热起来以协调各系统机能活动，这有利于动作的完成和应有水平的发挥。同时，适当的准备活动还有助于克服赛前不良状态，使兴奋和抑制过程趋于平衡。适当的准备活动还有预防损伤的作用，如肌肉从安静状态突然进入激烈的工作状态可引起肌肉拉伤甚至断裂。健康人在没有准备活动的情况下突然进行剧烈的活动后，大部分的人会出现心电图 ST 段及 T 波的轻度改变及 ST 段缺血性下移。发生 ST 段缺血性改变的原因是突然运动使心率加快，收缩压增高，大量交感儿茶酚胺释放，心肌需氧量增加，但此时如果冠状动脉不能供应足够的血液，就会使心内膜发生缺血。冠状动脉的调节有一定的迟延时期，如果激烈运动前进行适当的准备活动可避免发生缺血，从而防止心脏受损。

2. 系统性原则

运动训练必须经常系统进行、多次重复才能巩固运动技能，达到高度训练水平，才能巩固肌肉和内脏器官之间的协调联系。已巩固建立起来的各种条件反射必须经常强化，否则就会消退。不仅如此，一直训练的运动员突然停止训练也会引起停训综合征，影响身体健康，为了预防停训综合征，不再集训的运动员不宜突然停止全部训练活动，应逐渐降低强度，减少运动量，并且在之后还要长期维持一定量的体力活动。

3. 全面性原则

全面性原则指全面发展身体素质，包括速度、力量、耐力和灵敏。全面发展身体素质对掌握和发挥技术有利，是创造优异成绩的重要条件。一般说来，任何一项运动对身体各种素质都会有影响，但某项运动对某一素质有更为突出的作用。全面训练对身体健康有良好影响，对预防运动损伤也起到了重要作用。

4. 个别对待原则

进行运动训练时，必须注意参加者的健康状况、身体素质、技术水平、年龄、性别和心理状态等个人特点，根据这些来制订不同的训练计划。健康状况良好者可进行较大运动量和较复杂的运动，体弱者则要特别注意逐渐增加运动量，而患有某种慢性疾病者更要注意根据具体情况安排体育活动。由于技术水平各有不同，训练水平较高者可在全面训练的基础上做专项训练，并不断提高成绩。而训练水平较低者应从事基本练习，进行全面身体训练。在运动训练时，其运动项目和运动量应符合性别及年龄特点。

（二）注意做好准备活动和整理活动

体育锻炼的过程是人体从静态到动态再到静态的变化过程，而准备活动和整理活动就是实现这种"变化"的过渡手段。

1. 准备活动

准备活动是指体育锻炼前所进行的一系列身体练习，其目的是打破安静时的身体生理平衡状态，调动内脏各器官系统迅速地从安静状态过渡到运动状态。

准备活动之所以存在，主要是为了进一步增强中枢神经系统兴奋性；拓展肌肉、韧带、关节等的活动范围；摒弃内脏器官所具备的惰性，不断增强心血管及呼吸器官的活动能力，进而使得人体的各项机能达到与锻炼相适应的范畴，防止或减轻在体育锻炼的过程当中因为超出生理负荷而出现运动损伤的情况。

准备活动既有一般性的，也有专门性的。在体育教学中怎样选择与安排准备活动呢？首先要做好一般的准备活动，用走、跳、跑步、徒手操等来活动全身各部位，让其热起来，再进行专门性的活动，也就是根据之后要做的锻炼项目所具备的特点进行某些专门性练习，例如，可以在短跑之前先进行小步跑，或是高抬腿、后蹬跑等；在开展排球比赛之前可以先进行传球、垫球的练习。

准备活动量的大小和时间长短，应根据锻炼项目、内容和强度，以及季节和气候的不同而有所差异，一般达到身体发热或微微出汗，自我感觉灵活、舒适即可。

2. 整理活动

整理活动是指在体育锻炼后所采用的一系列放松练习和按摩等恢复手

段，其目的是消除疲劳，恢复体能，提高锻炼效果。它可使人体较好地从紧张的运动状态逐渐过渡到相对的安静状态，使身体得到新的平衡。

运动对身体生理平衡的破坏会引起一系列生理的变化，这种变化不会随着运动的停止而同时消失，它需要有一个恢复的过程。如果剧烈运动后突然停止、坐下或蹲下，不仅会加重疲劳，更有晕倒的危险。因此，运动后要认真地做好整理活动。

整理活动应着重于全身性放松，尽量采用轻松、活泼和柔和的练习，活动量逐渐减少，节奏逐渐减慢，以促使呼吸频率和心率慢慢下降，这个过程一般持续 15～20 分钟。例如，长跑到达终点后再慢跑一段距离，或边走边做深呼吸运动和放松徒手操。整理活动之后，还要注意身体保暖，以防身体着凉引起感冒。

四、女子体育卫生

（一）女子的生理特点

1. 体型特征

女子脊柱较长而四肢骨较短，故上身长、下身短。青春期后形成上体长而窄、下肢短而粗、肩窄盆宽的体型。该体型的特点是女子重心低，稳定性高，有利于做平衡动作，但对运动速度、跳高、跳远等动作则稍不利。

2. 体脂特征

女子的体脂约占体重的 25%，而男子只有 15%；女子皮下脂肪的沉积约为男子的 2 倍，尤其是在胸、臀及腿部。女子较厚的脂肪层可保温，又有很好的缓冲保护作用。

3. 肌肉力量

女子的肌肉力量低于同龄男子，特别是速度力量（爆发力）更为明显。女子在完成同样负荷练习时比男子的速度慢，而以同样的速度练习，女子表现出的力量也比男子小。

4. 氧运输系统

女子呼吸肌的力量相对于男子来说较差，加之气道阻力大，因而女子的肺通气量及肺活量等均小于男子；同时，女子的血红细胞、血红蛋白总量以及心脏的重量、容积、每搏输出量、每分输出量等均比男子低，故女子的氧运输能力差，尤其运动时差别较为明显。女子体内的碱储备和保持 pH 相对恒定的能力较低，故耐酸能力差。

（二）女子的体育卫生

女子进行体育锻炼不但可增进健康，而且有其特殊的意义。体育锻炼对保持女子子宫的正常位置的分娩有较大作用，对下一代的健康有直接影响，但女子在体育锻炼时需要注意以下四个方面。

第一，女子进入青春发育期后，其身体形态、机能、素质、心理、生殖系统等方面会发生很大变化，因此体育锻炼项目的选择、运动负荷量的安排应当区别于男子，并符合女子的特点。

第二，女子心血管系统、呼吸系统、运动器官系统的机能均不及男子，绝不能与男子同等对待，体育锻炼时必须男女有别。

第三，女子肩带窄，肌肉力量差，有氧与无氧代谢能力较差，因此不宜做单一支撑、悬垂摆动。

第四，女子肌肉的薄弱环节是肩带肌、腰背肌、骨盆后肌和骨盆底肌，在体育锻炼时要加强这些肌肉力量的发展，这样有利于子宫正常位置的维持。

（三）女子月经期的体育卫生

月经期的体育锻炼适当与否，会影响女子的健康。月经期既不能什么活动也不参加，也不能蛮干。如果女子身体健康，平时有锻炼习惯，月经正常，经期无不舒服之感觉，月经期也可适当参加体育活动，但运动负荷量要小；若平时无体育锻炼习惯，月经期进行体育锻炼应特别注意，以免引起不良反应。月经初潮后 1～2 年的少女，由于其性腺分泌周期未稳定，经期往往不准，故在体育锻炼时只可做一些缓和而轻松的活动。为此，月经期应当做到以下四个方面。

第一，不做剧烈震动的跑、跳动作和静力性的憋气动作，如中长跑、快速跑、跳高、跳远、举重、负重蹲起、排球的扣球、篮球的跳投等。

第二，月经期若有痛经、腰背酸痛、下腹痛、经血过多或过少、经期延长或缩短、盆腔炎症等，均应停止一切体育活动。

第三，女子月经期间一般应停止游泳，以免引起子宫颈挛缩、影响行经或细菌侵入产生炎症。

第四，一般女子月经期不宜参加体育竞赛活动。若平时有参加训练和竞赛习惯者，也可以参加，但应特别注意。

第六节　大学生体育锻炼与营养补充

"人是铁，饭是钢"，摄食是人类的本能需要，也是生活的第一需要。现如今，对于人类来说，食物存在的目的已经不是简单地保证生存了，其本身更多的是让现代的人们能够从各种食物当中摄取足够且合理的营养，进而促使人类的身体和心理都能够实现并保持健康发展。食物的营养功能是通过食物所含的营养成分来实现的，这些有效的营养成分被称为营养素。进行体育锻炼的人应当对自己的日常食物有足够的了解，首先，必须知道自己每天所摄取的热量有多高，自己所吃的东西是否有充足的营养素。并且值得关注的是，热量摄入过多或过少，都可能会在一定程度上导致体重出现增长或下降的情况。除此之外，若是营养素不足，也会在很大程度上对运动能力产生影响，进而降低运动健身的效果。

通过现代营养科学的研究，我们能够明晰一点，营养科学会在很大程度上直接影响人类的身体健康，与此同时，也会在一定程度上对人类的寿命产生影响。对于人类来说，自身的营养状况还可能在某些时候受到政治环境、社会经济、科学技术以及文化教育等条件的制约。所以，强调食物营养的科学摄取和注意体育锻炼的合理性已经是现代社会生活当中不可忽视的内容。

一、营养

（一）营养的概念

营养是指人体消化、吸收、利用食物或营养物质的过程，也是人类从外界获取食物满足自身生理需要的过程，包括摄取、消化、吸收和体内利用等。营养的核心是"合理"，就是"吃什么、吃多少、怎么吃"，合理营养是作为综合性的概念存在的，其本身不但需要以膳食调配的方式供给，以便更好地满足人体生理所需的各种能量及营养素,还必须通过制订合理膳食计划,运用科学烹调方法等,帮助人体实现多种营养物质的消化、吸收、利用。另外,要重点关注膳食结构比例的均衡性的保持,严格禁止对于部分营养素摄取过多等情况出现。营养是人体正常生长发育的重要条件之一,营养不足会引起人体营养不良,从而发生营养缺乏而导致病变。而营养不合理时同样也可导致疾病,不利于健康。

目前很多人认为花钱多、吃得好就有营养。实际并不是这样,营养这门科学并非单纯的营养品,其中内容包括一个根本因素,即怎样选择合适食物。食物选择科学与否,对于运动者来说,能够在很大程度上影响着自身的力量、耐力和其他体能。曾经就有一位运动营养学教授将运动者比作高级跑车,然后将营养看作汽油。那么,若是高级跑车拥有与之对应的高质量汽油,这款跑车则能运行到它最好的状态;若是高级跑车只能使用低质量的汽油,那么这款高级跑车就不可能以良好的运行状态跑得令人满意。这切实说明了对于运动者的健身活动来说,想要获得成功的至关重要的因素就是合理营养。

(二)营养的功能

1. 均衡的营养可使身心健康

一个人的健康情况,取决于先天与后天的诸多条件因素,如先天遗传、食物营养、生活环境、卫生条件、体育运动、精神状态及习惯嗜好等。但是在这些条件因素中最直接的还是食物营养,营养是健康之本。

营养状态若保持合理,不但对人体有益,对心理健康也有好处,人类的身体内部各营养素供应平衡,就能够使神经与内分泌等呈现出良好的状态,可以促使人的心情保持舒畅、精神感到愉悦等,如此,就能够在很大程度上有效减轻人在心境上的不良感受,进而充分减轻精神上的紧张,进一步增添生活情趣,方便怡情养性。

2. 均衡的营养有利于智力发展

脑是人体中机能最复杂、活力最旺盛的器官。大脑每天需要充足的能量供给,才能维持正常的活动。人的大脑生长发育及其生理功能发挥均需要各种营养成分的供应。

尽管人的大脑重量仅为人体重的 1/50,但大脑每日所需的血液量却占人体的 1/5，说明大脑对各种营养物质和氧的需求量很大，如果不能保证大脑的各种营养成分的供应，则会导致大脑结构及功能异常，智力下降，记忆力退化，注意力分散，甚至可能产生精神异常等症状。所以通过供应各种食物来补充不同的营养成分，从而使大脑始终处于最佳状态，这对于提高与改善大学生的智力情况是十分重要的。

3. 均衡的营养可保持健美的体形

大学生时期是青春发育后期。在这一阶段，学生身体还在发育，肌肉正在变得饱满结实，内脏器官逐步发展成熟，但是需要注意的是，人类的第二性征与性器官要想表现成熟，就需要足够的营养加以支持。毕竟，只有在这个阶段获得足够的营养，才有可能让皮肤、肌肉得到进一步的生长发育，并且促使人的肤色变得更加清晰、鲜明且有光泽，身体的毛发也会变得乌黑润泽。在此阶段，男性的身材逐渐魁梧壮硕，女性的体形变得匀称、曲线柔美，由此就充分展现出了青春的健与美。

二、营养素

（一）营养素的概念

维持生命体征的基本元素叫营养素。营养素可分为两大类，即三大营养素和微量营养素。三大营养素包括蛋白质、脂肪、糖，它们是构成机体组织和提供能量所必需的物质。微量营养素包括维生素和矿物质，还有膳食纤维和水，它们的主要作用是维持细胞的功能。

人们每天都要吃饭、吃菜、喝水，否则就不能生存。人们吃的饭、菜、水就是饮食，有了饮食，人为什么就能生存？这是因为"饮食"里含有人体需要的各种营养素。

人体所必需的营养素有蛋白质、脂肪、碳水化合物、维生素、矿物质、膳食纤维和水。每种营养素在身体内部发挥着特有的生理作用，同时互相协作与补充，一起维持人休完整统 的生命活动。

机体对各种营养素有基本需要数量，即营养素生理需要量，它是指能保持人体健康、达到应有发育水平和能充分发挥效率的、完成各项体力和脑力活动的人体所需要的热能及各种营养素的必需数量，低于这个数量就会对机体造成严重不良影响。

为了满足人体合理营养的需要，必须每日通过膳食向机体供给一定数量的各种营养素，这一数量称为膳食营养素供给量（RDA）。膳食营养素供给量是在营养素生理需要量的基础上，考虑了人群安全率而制定的保证人体营养需要之膳食中应含有的热能和营养素的适宜数量。其中安全率包括人群中的个体差异、在应激等特殊情况下需要量的波动、食物烹调时营养素的损失、食物的消化吸收率和营养素间的相互影响等，并且兼顾社会、经济条件等实际情况。RDA 自然要大于生理需要量，但热能 RDA 则仅是各人群平均需要量。人们只要按照 RDA 这一膳食质量标准来合理摄取各种食物，就能确保机体处于健康状态。

（二）营养素的分类

1. 蛋白质

蛋白质是万物赖以生存的物质基础，它大约是人体总重量的 20%，其中在固体总量方面所占的比例为 45%。蛋白质主要用于组成并制作肌肉、血液、皮肤、骨骼以及其他身体组织，需要注意的是，若是离开了蛋白质，生命将不复存在。

人体中的蛋白质始终处于动态平衡的状态。如果蛋白质缺乏了，人体将无法维持正常生理功能而引起疾病。人体中的蛋白质时刻处于不断分解与合成的过程当中，一天大约更新 3% 的蛋白质，差不多 1 个月时间，全身蛋白质都会转化为新的蛋白质。日常摄取的蛋白质无法存储，因此，每日提供充足蛋白质至关重要。

蛋白质是一种含氮化合物，包括碳、氢、氧、氮等元素，基本结构为氨基酸。值得注意的是，能够组成人体的氨基酸一共有 22 种，在这些种类的氨基当中，人体本身无法合成其中的 9 种，一定要通过日常的饮食从外界获取，人们将这 9 种氨基酸称作必需氨基酸。除此之外，还有 13 种氨基酸是非必需氨基酸。一般而言，不同的氨基酸组合，最终形成了人体内不同类型的蛋白质。

蛋白质能够发挥出以下三个方面的作用：其一，制作并修护人体组织，不仅能够构成人体内的各种组织和器官，并且还能够对受到损伤的组织进行修复，就比如实现伤口的愈合等；其二，能够组成人体内许多重要的生理作用，就比如酶、激素等；其三，供给能量。

2. 脂类

一般而言，将脂类作为脂肪、胆固醇、磷脂、脂蛋白和糖脂的统称。

脂类是组成人体内各类细胞的重要物质之一，在这些生物膜中，磷脂、胆固醇是重要的组成成分。经过研究分析之后，我们发现人体内的脂肪含量约占身体总重量的 15%，其中最少的占 13%，最多的会占 50%。

脂肪是甘油三酯，主要成分为甘油与脂肪酸，值得注意的是，这里的脂肪酸通常分为两种类型，有着饱和与不饱和之分，而且，不饱和脂肪酸也存在单不饱和脂肪酸与多不饱和脂肪酸之分。部分脂肪酸并不能被人体本身合成，只能够通过摄取食物来获取，所以被叫作必需脂肪酸，这类脂肪酸有很多种，就比如亚油酸和亚麻酸等。

脂类的功能主要分为以下五种：其一，作为细胞膜与生物膜的主要组成部分存在；其二，可以固定身体组织与器官，其中脂肪也是一种用于器官、关节的隔离层；其三，提供能量，储存能量；其四，有利于脂溶性维生素实现更快的消化、吸收；其五，确保体温能够始终保持在合理的范围当中。

3. 糖类

经过研究之后发现，糖类是碳、氢、氧等构成的碳水化合物。

（1）单糖

葡萄糖是唯一能够被机体直接利用的单糖。作为能源，所有其他的糖必须转变为葡萄糖才能被机体利用。若机体摄糖量不足，将导致蛋白质转变为葡萄糖，从而使蛋白质分解。所以，膳食中的糖不仅是机体的直接能源，而且对节省蛋白质有重要作用。

（2）双糖

双糖是指单糖分子中的半缩醛的羟基和另一个单糖分子的羟基共失一分子水而形成的化合物，即水解之后可以形成两个单糖分子的糖。包括乳糖、麦芽糖和蔗糖，分别存在于奶、麦芽和甘蔗中。

（3）多糖

多糖既有微量营养素，又具有产生能量的葡萄糖，主要以淀粉、植物纤维和糖原等形式存在。淀粉存在于马铃薯、谷物等食物中，是长链糖，淀粉可快速供给机体能量。膳食纤维是一种线状多糖，它不能被消化，其基本形式是纤维素。它既不能供给能量，又不能提供营养素，但它是健康膳食不可缺少的。近年来研究表明，纤维素进入肠道后，遇水膨胀，形成网状结构，有助于食物废物的形成和排出，减少了废物通过时间，降低直肠癌的危险。植物纤维也被认为具有减少冠心病、乳腺癌和糖尿病发病的作用。

4. 维生素

通常情况下，维生素也常常被人们称作维他命，这种元素是生物体实现代谢过程的一类必不可少的低分子有机化合物。它具有维持细胞正常功能和调节新陈代谢等重要意义。需要明确的一点是，这种元素在人体内的含量并不多，但是它所发挥的生理作用非常大，所以人体绝对不可以缺少，很多时候，人体一旦缺少某一种维生素，那么机体就一定会有相应的临床表现。

维生素有脂溶性与水溶性之分。它们都是人体必需的营养物质，也是维持正常生理功能所必需的。脂溶性维生素包括 A、D、E、K 这四种。水溶性维生素包括 C 与 B 族这两种。

值得注意的是，脂溶性维生素能够被贮存在肝脏当中，缺乏症状出现得比较缓慢，并且摄取的量过多可能在很大程度上导致人体出现中毒的情况。水溶性维生素绝对不可以大量贮存，其中，缺乏症状发生得较为迅速，人体每日一定要摄取充足的需要量。一般而言，不管摄入多少，在满足自身所需之后，多余的可以伴随尿液排出，通常对人体无毒。

维生素的功效：主要是作为辅酶加入酶的功能，它对人体内广泛物质代谢过程具有非常重要的调节作用。

5. 矿物质

所谓矿物质，就是人体所必需的矿物质营养素。人的身体是无法合成的，须通过膳食摄入，用量虽小，但生理作用却极大，一旦出现缺乏的状况就会出现相应病症。

矿物质有常量和微量元素之分。这些物质是人体内重要的营养物质。对于人体来说，每日都需要 100 毫克以上的常量元素，其中主要包含钙、镁、钾、钠等。人体所需的微量元素主要有铁、铜、锌、铁等几个种类。

矿物质主要会发挥出以下六种作用：其一，组成骨骼与牙齿；其二，确保人体内的渗透压及酸碱平衡得以保持，具有调节血压的功能；其三，保持并加强神经传导的功能作用，能够为人体带来安定与镇静的影响；其四，保持并提高肌肉的神经兴奋特性，值得注意的是，肌肉收缩的动作要有钙离子的参与；其五，能够帮助血液凝固，钙离子在激活酶方面起了一定作用；其六，能够在一定程度上帮助实现胶原蛋白的合成，进而使血管及软组织的弹性得到增强。

6. 纤维素

膳食纤维素就是植物被摄入人体之后无法被消化、吸收、利用的多糖类碳水化合物。它广泛存在于自然界的各种食物中，如蔬菜、水果、谷物、豆类及动物饲料等，其中以玉米秸秆为原料生产出的纤维含量最高。纤维素自身无法供给能量，无营养价值，但对于促进胃肠消化、吸收和排泄，以及降低胆固醇、延缓人体对于糖类的吸收发挥着举足轻重的作用，对防治多种慢性病具有重要意义，人们常常将其称作肠道清道夫。纤维素的功能作用：第一，使血液中的胆固醇含量减少，有效防治心脑血管疾病；第二，刺激肠蠕动和保持水分以预防便秘；第三，延缓葡萄糖吸收速度，以便更好地防治糖尿病的产生；第四，进一步提高伴随粪便排出的油脂量，在一定程度上削减脂肪，并且还能够减少脂肪的摄入含量；第五，进一步提升肠道内毒素的排出量，在较大程度上有效防止肠癌的产生，除此之外，还在一定程度上发挥出养颜的功效。

三、合理营养

（一）合理营养的原则

1. 平衡性原则

平衡性原则主要就是指人体摄入多种营养成分时，这些营养成分应当在一定程度上和人体的生理需要构成一种相对平衡的状态。若是不能够构成相对平衡的状态，就会出现营养失衡的情况。值得注意的是，造成营养失衡的一方面原因为营养不良，即营养摄入量过少，不能满足身体需要。其营养不良的主要表现为头晕、怕冷、易倦、体重减轻等，严重者有可能发生营养不良导致的疾病。营养失衡的另一个方面是营养过剩，主要表现为营养补充过度，人的体重过量增加，并引起肥胖等疾病。因此，人体营养需求与补充之间应保持相对的平衡，营养的摄入既不要欠缺，也不要过量。

2. 适当性原则

适当性原则是指人所摄取的各种营养成分之间的配比要合理，即在全面和均衡的基础上进行适当的饮食搭配。人体元素组成与不同状况下各种营养素的需要量是有一定比例的，只有合理的营养搭配，尤其是食物中蛋白质、脂肪和碳水化合物三者的比例要合理适当，才能有利于人体更好地吸收与利用，保证机体的各种需要，造就健康的体魄。

3. 全面性原则

全面性原则是指人所摄取的各种营养成分要全面，不能偏食。举例来说，乳与蛋的营养最为丰富，但是乳中缺铁元素，蛋中缺维生素 C。因此，无论哪一种食物的营养有多么丰富，都不可能完全满足人体健康的需要。只有通过摄取多种食物中包含的各类营养成分，才能确保人的健康需要。那种一味追求质精量少的高级营养品的摄取方法，以及任何偏食、禁食、少食的方法都是极不可取的。

4. 针对性原则

每个人的遗传因素、身体状况、所处的年龄阶段、生活环境、营养状况等各不相同，因此，在营养摄入和补充方面应区别对待。当生活和工作环境、生理条件改变时，营养素的供给应予以适当调整。例如，由脑力劳动转变成体力劳动时，能量的摄入要有所增加；月经量过多的女性应注意适当补充铁，而月经量过少的女性则要适当补充钙。

此外，为了保证身体健康，应随四季变化，合理安排膳食，供应充足的营养，满足身体的需要。春季饮食应温和平淡；夏季应少吃油腻食物，多吃清淡食物；秋季要适当节制饮食量；冬季出于御寒的需要，可多吃脂肪类食品，并注意多吃蔬菜或补充维生素。

（二）膳食金字塔

怎样才能吃得均衡呢？中国营养协会推荐了每日膳食摄入量的膳食金字塔。

蔬菜：400～500 克。水果：100～120 克。

鱼禽肉蛋：125～200 克。奶、豆：150 克。

油类：25 克以下。盐：正常量 6 克。

从这个膳食金字塔可以看出一个规律：食物多样化，五谷为主，蔬菜、水果多吃，适量鱼禽肉蛋奶，少油少盐。

四、体育运动与营养补充

（一）运动对营养的基本要求

1. 营养素摄取要适量，注意膳食平衡

健康的身体受运动、遗传、营养、心理素质等多方面的影响。其中，膳食营养对健康及运动能力的影响越来越引起人们的重视。运动者吃什么、吃多少、什么时间吃、怎样吃，对其健康程度起着举足轻重的作用。

平衡膳食是指基本营养配比适宜和所有必需物质含量充足的膳食。目前我国膳食构成中碳水化合物、蛋白质、脂肪的比重为 7:1:0.3。这种比例从营养学角度分析是不合理的，较为理想的比例是 6:1:0.6，即应适当减少碳水化合物的供给量，相应增加动物性质蛋白质的脂肪供给量。

2. 热量供给充足

人体在运动中热量消耗非常大，在膳食中必须供给充足的热量，维持热量平衡。目前，我国大学生中男生每日的热量消耗为 10 460 千焦（2 500 千卡），女生每日为 8 790 千焦（2 100 千卡）；经常参加锻炼的男生热量消耗为 13 810 千焦（3 300 千卡），女生为 10 460 千焦（2 500 千卡）。

如果热量长期供给不足，会引起身体消瘦、体重减轻、抵抗力减弱、运动能力下降等问题。对少年儿童来说，还会影响其生长发育。但是，如果人体摄入热量过多，又会引起体内脂肪增多，导致体重增加。

3. 食物体积小，发热量高，营养素齐全

食物一般选择容易被消化、吸收的，但体积不能太大，一般情况下，每人每日摄取食物总量不超过 2.5 千克。

4. 食物多样化，防止挑食、偏食

合理膳食对强健体魄、养生益寿和防治疾病是很有意义的，中国古代编著的《黄帝内经》中就提出了"五谷为养，五畜为益，五菜为充"等饮食原则，这个原则也符合今天的营养学中食物的搭配原则。因此，为满足人体各种营养的要求，食物应尽量多样化，防止因偏食、挑食引起营养缺乏症。

5. 合理的膳食规律

一般来说，保证一日三餐，就基本可满足人体对营养的需求。但是，经常运动的人就应根据运动量和强度及运动对消化功能的影响来合理安排膳食质量和时间。一般来说，运动后 30～45 分钟后进餐，运动前 1 小时进餐是比较合理的。

6. 抗氧化剂的合理摄入

近年来的研究发现某些维生素和一些无机盐有新的功能。这些维生素和无机盐可作为抗氧化剂，对细胞具有保护作用。抗氧化剂是一些化学物质，它可阻止氧对细胞的损害，即可阻止自由基对细胞的攻击。体内不断产生自由基，而过多的自由基产物与癌症、肺病、心脏病和衰老过程密切相关。若自由基产生时，抗氧化剂能够和自由基结合，这样就大大降低了自由基的毒性。因此，增加抗氧化剂的合理摄入不仅对健康有益，而且还可以预防肌肉损伤和疲劳。如下几种微量营养素被认为是强有力的抗氧化剂：维生素 A、维生素 E 和维生素 C、β-胡萝卜素、锌和硒等。

（二）体育运动与营养补充

1. 体育运动与糖

糖是由碳、氢、氧三种元素组成的一类化合物，也被称为碳水化合物。糖是人体内来源最广泛、最经济而且分解最完全的供能物质。人体摄入的糖大部分首先转化为葡萄糖，再由血液运送到肝脏。在肝脏内葡萄糖可以转化为脂肪、糖原或运输到其他组织，如肌肉等。在肌纤维中，葡萄糖分子形成链组成糖原，糖原是肌纤维收缩的直接能量来源。当人体运动时，糖原在肌肉中分解，以很高的速率释放能量。

人的运动与糖的贮备有密切关系，人体所需要的能量 60%左右由膳食中的糖供给。中枢神经需要的能量 99%以上来自糖，低水平的血糖将首先影响中枢神经系统的功能。低血糖症发生主要是长时间剧烈运动时血糖供应不足或消耗过多，导致血糖过低，皮质调节糖代谢的机制紊乱所造成的。可见，根据不同运动的需要，有时需要适当地补糖，这对维持血糖起着重要作用。

（1）运动时糖的作用

糖是人体运动时的重要能源物质。无论是在无氧还是有氧的条件下，肌细胞都可以利用糖的分解代谢合成 ATP。糖氧化具有耗氧量低、输出功率较脂肪氧化大等特点，是高强度运动的主要能量来源，在运动供能中占据重要地位。

① 当以 90%～95%最大摄氧量以上强度运动时（无氧运动），糖供能占95%左右。

② 糖是中等强度运动的主要燃料。

③ 在低强度运动中，糖是脂肪酸氧化供能的引物，并在维持血糖水平中起关键作用。

④ 任何运动开始加速时，都需要由糖代谢提供能量。

可利用的糖贮备有肌糖原、血糖和肝糖原。运动时需要动用糖代谢供能时，首先动用的是肌糖原，随着运动的继续，肌糖原贮量不断减少，肌肉开始摄取血糖，随着血糖利用量的增加，肝糖原开始释放入血，补充及维持血糖浓度的稳定，保持机体运动能力。

（2）比赛前的肌糖原储存

正常人在肝脏和肌肉中以糖原方式存在的糖有350～400克，一般性的体育锻炼运动前无须特殊补糖，但当运动员参加比赛时，为了明显地增进耐力和提高运动成绩，在赛前的最后3天摄入高糖膳食，可使肌糖原大大提高。

为了完成肝脏和肌肉内的糖原储存，比赛前6小时内食用高糖餐，可帮助肝脏维持血糖的水平。但应避免在赛前30～120分钟内吃糖，以防服糖后胰岛素升高，降低血糖而影响运动能力。

（3）长时间运动中的糖摄入

随着运动时间的延长，肌糖原开始减少，糖供能也越来越少。在没有糖摄入的情况下，运动2～3小时后，血糖的浓度通常会下降到相对的低水平，若不补充糖，没有足够的血糖来补偿肌糖原储存的消耗，运动能力将明显下降，出现疲劳、头晕、软弱无力等低血糖症状。

因此，从事长时间高强度运动的人，运动中每小时应该补偿30～60克葡萄糖、蔗糖或其他高糖食品。通过补糖可使疲劳推迟30～60分钟发生，使运动后期保证足够的糖供给，保持耐久力。

（4）运动后补糖

通常情况下，体育活动后也不需要进行特殊的补糖，但对于长时间剧烈运动者来说，在运动后应该摄入 50 克的糖。这对促进肝、肌糖原的恢复，预防肝脏的脂肪浸润，恢复血糖的正常水平，减少血乳酸都有良好的作用。

强烈的运动后，食欲通常被压制，因而适量地补充含糖的饮料效果较好。由于恢复体内糖原是一个渐进的过程，为此增加糖的膳食可以延续 2～3 天。

2. 体育运动与蛋白质

蛋白质是肌肉的主要成分，对于肌肉的生成、代谢和受伤肌肉的修护都有非常大的作用，运动后迅速补充蛋白质有助于受伤肌肉和组织的修复以及疲劳、肌肉酸痛等症状的减轻。

蛋白质的食物来源分为动物性和植物性两大类。评价蛋白质营养价值的依据是必需氨基酸的含量及其模式。由于人体蛋白质以及食物蛋白质在必需氨基酸的种类和含量上存在着差异，在营养学上常用氨基酸模式，即每克蛋白质中各种氨基酸的含量来反映这种差异。世界卫生组织（WHO）推荐的必需氨基酸及其模式如表 4-6-1 所示。

表 4-6-1　WHO 推荐的必需氨基酸及其模式

氨基酸	氨基酸模式/（毫克/克）	氨基酸	氨基酸模式/（毫克/克）
异亮氨酸	40	苏氨酸	40
亮氨酸	70	色氨酸	10
赖氨酸	55	缬氨酸	50
蛋氨酸+胱氨酸	35	苯丙氨酸	60

当食物蛋白质氨基酸模式与人体蛋白质越接近时，必需氨基酸被机体利用的程度也越高，食物蛋白质的营养价值也相对越高。反之，食物蛋白质中被限制氨基酸种类较多时，其营养价值相对较低。动物性蛋白质其氨基酸的可用性较高，植物性蛋白质的相对较差。为了提高食物蛋白质的机体利用程度，可将动物和植物如谷类和豆类食品蛋白质混合食用。

对于健身人群来讲，蛋白质摄入量应为总热量的 12%～15%，为 1.2～2.0 克/千克体重。一些健身者错误地认为多吃蛋白质会促进肌肉的增长，但事实证明，必须在渐进性力量训练前提下，适量的蛋白质才能使肌肉增长。摄入过量蛋白质并不能合成过多肌肉,而且过量蛋白质从医学角度上讲是有害的,它会加重肝脏和肾脏的负担;导致脂肪贮存增加;造成脱水和体液酸化,使疲劳提早发生,降低运动能力。

人体内蛋白质约占体重的 16%～19%。生命的产生、存在与消亡都是与蛋白质相关的。蛋白质是由氮、碳、氢、氧等元素组成的高分子化合物,它不但是人体的主要组成成分之一,而且也是人体内部进行各种代谢活动的物质基础。

人体所需的蛋白质主要是从动物性食物(肉、蛋、奶)中获取的,这些食物中的蛋白质称为完全蛋白质,它包含几乎所有的基本氨基酸。其次是从植物性食物(蔬菜、粮食、水果)中获取,其中的蛋白质称为不完全蛋白质,它缺少部分的基本氨基酸。因此,将两类食物相互搭配食用,即可获取完全的蛋白质。

氨基酸的种类及特点如表 4-6-2 所示。

表 4-6-2 氨基酸的种类及特点

	种类	特点
氨基酸 22 种	非必需氨基酸(12 种)	可以通过人体自身来合成,能从其他氨源中合成
	必需氨基酸(8 种)	不能在人体内自行合成,必须从食物的营养素中摄取
	半必需氨基酸(2 种)	人体的合成能力较低,人体生长发育阶段需要从食物中摄取补充

营养学研究表明,每天补充足量的蛋白质是十分必要的。氨基酸不会在身体内储存,大部分会很快降解,这就需要每次摄入的蛋白质必须含有定量、比例合适的各种氨基酸。

蛋白质对运动能力的发挥和提高有着十分重要的作用,具体体现在以下几个方面。

(1)能够增加肌肉蛋白质合成,增加肌肉力量。

(2)可以预防运动性贫血。

(3)对体内胰岛素的分泌有良好、稳定的刺激效果,从而保持稳定的精神和体力状态。

（4）提高中枢神经系统的兴奋性。

（5）在长时间运动时，可以作为细胞的部分能源，提供运动中 5%～15% 的能量。

一般来说，经常从事体育锻炼的人，蛋白质的需要量比普通人要高，正常膳食中蛋白质含量应占总量的 12%～15%，约为 1.2～2.0 克/千克体重。

不同运动项目的运动员所需蛋白质量也不尽相同。经常从事耐力型项目的人所需蛋白质量以 1.2～1.5 克/千克体重为宜；经常从事速度型运动项目的人蛋白质摄入量以 1.6～1.8 克/千克体重为宜。

若从事高强度训练和比赛，激烈竞争所产生的压力或运动后食欲下降等都会使人们难以保持平衡饮食，这时候可以通过选用营养补充品，弥补蛋白质摄入的不足。

3. 体育运动与脂肪

一般人的食物中脂肪占总热量的 17%～25%为宜，从事大运动量的年轻人食物中的脂肪量最高不应超过 35%。

脂肪是运动时被利用的能源，脂肪为运动提供的能量主要来自脂肪酸的氧化。在一次长时间低强度的运动中，脂肪的氧化可提供总耗能量的 50%～60%。长期进行体育运动可降低脂肪细胞平均体积，提高脂肪代谢的活性。

脂肪代谢对运动能力的重要性在于它能"节约"组织中糖原的能力。在进行长时间高强度的运动时，糖原贮备可以通过脂肪氧化的方式保存或"节省"下来，这就使运动员运动到最后阶段，运动强度超过身体的有氧代谢能力时，能有更多的糖原可供利用，因此，脂肪能提高机体耐力。

运动时脂肪供能的另一好处是长期进行有氧运动，促进脂肪的氧化，降低血胆固醇和甘油三酯，使高密度脂蛋白（HDL）增高，从而减少冠状动脉疾病的发生，降低患心脏病的风险。

对于健身者来说，膳食中适宜的脂肪量也应保持在总热量的 25%～30%。其中饱和脂肪酸供能应小于 10%，10%的能量应来源于多不饱和脂肪酸，其他 10%则应来源于单不饱和脂肪酸。基本上维持饱和脂肪酸（SFA）、单不饱和脂肪酸（MUFA）和多不饱和脂肪酸（PUFA）之间的比例为 S:M:P=1:1:10。

常用食物中脂肪含量如表 4-6-3 所示。

表 4-6-3　常用食物中脂肪含量　　　　单位：克/100 克

食物名称	脂肪含量	食物名称	脂肪含量
肥猪肉	90.4	花生	25.4
瘦猪肉	6.2	奶油	78.6
肥瘦牛肉	13.4	鸡肉（土鸡）	4.5
瘦牛肉	2.3	兔肉	2.2
北京烤鸭	38.4	草鱼	5.2
肥瘦羊肉	24.5	米饭	0.3

4. 体育运动与水

对于人体来说，水的存在不可或缺，通常情况下，人体一天最好摄入 2～3 升水，并且，相关需水量并不是恒定不变的，年龄、身高、体重、运动强度等都会对需水量产生一定影响。

在体育运动的过程当中，肌肉通过运动会产生很多热量，进而增加皮肤血流量，使得汗腺分泌的汗液逐渐增多。若不及时补充水分，就会导致机体出现脱水的情况，进而导致人体的运动能力受到严重影响。所以在运动过程当中，需要及时且合理地补充水分。

（1）运动前补水

一般而言，在运动开始之前的 15～20 分钟可以少量补充水分，通过分次喝水的方式来进行，但是绝对不要饮水过量，否则就会增加身体负担。

（2）运动中补水

运动中补水的目的在于防止过度脱水及过热引起的运动能力下降等问题，补水可起到维持血容量、电解质平衡及体温调节等作用。运动中每 15～30 分钟应补充 200～300 毫升（1～2 杯）运动饮料或水，最好采用含糖和无机盐的运动饮料来补充水分和电解质，因为在热环境下，运动饮料可以迅速地被组织吸收。

若是在运动的过程当中过量饮水，就会导致大部分水在胃中留存，进而影响运动者的呼吸，使其运动能力也受到影响。

（3）运动后补水

值得注意的是，在锻炼结束之后需要及时补充水分，这么做是为了维持身体的水分平衡。总的来说，应当确保水分的补充量和汗液的丢失量基本实现平衡。补充水分时要始终坚持少量多次，简单来说，如果在很短的时间内暴饮，虽能解一时之渴，但是尿量、汗量都会无序增多，进而加剧体内的电解质不断流失，直接导致人的心肾负担被加重。除此之外，若是锻炼结束之后直接大量喝水，还会在很大程度上直接导致身体内的胃液被稀释，由此不但会产生食欲及消化上的影响，一些严重的还很容易患上胃病。

5. 体育运动与维生素

维生素是一种低分子化合物，它的存在主要是为了维持人体正常的生理机能，确保新陈代谢活动的存续。因此，运动员必须注意合理膳食，以满足机体正常生长和机能发育所需营养。尽管人体并不会大量需要维生素，但其在人体生命活动中所扮演的角色却不可或缺。

一般而言，人体需要很多维生素，但是这些维生素或是不能够被人体合成，或是难以满足人体的大量需求，所以人们需要食用各种新鲜的蔬菜与水果等来获取维生素。参加体育运动，能够在很大程度上有效促进体能的消耗，此时人体对于维生素的需求也在飞速增加。所以，参加完体育运动之后，需要及时进行蛋白质和维生素的补充，由此就能够加快恢复并缓解疲劳。

6. 体育运动与无机盐

人体是由很多种元素组成的，除碳、氢、氧、氮以外的元素统称为无机盐。目前已经发现20多种人体必需的无机盐，占人体重量的4%～5%；无机盐也称矿物质，包括电解质（钾、钠、钙、镁、磷）和微量元素（铁、锌、碘、铜、铬、硒）。

食物中无机盐的含量比较丰富，人体所需无机盐主要从每天的饮食与饮水中获得。正常地食用各种食物，特别是蔬菜和水果，就能保证获得足够数量的基本无机盐，一般都能满足机体的需要。但是当膳食调配不当、偏食或患某些疾病时，就容易造成无机盐缺乏；运动过程中，由于丢失过多、代谢增加等原因，也使机体需要更多无机盐的补充。其中比较容易缺乏的元素是钙和铁，在一些特殊情况下也可能造成碘、锌、硒的缺乏。另外，无机盐如果摄入过量，也会出现中毒症状。

（三）各种训练对营养的不同需求

1. 力量练习的营养需求

力量性运动更需要肌肉质量，为增加肌肉质量，就需要加大蛋白质的摄取。营养学研究表明，青年男子对蛋白质的需求量约 56 克/天，青年女子为 45 克/天；进行力量性练习则要求更高，一般每天不少于 2 克/千克体重，且应占每日摄入总热量的 20%左右。

2. 速度练习的营养需求

速度的快慢与肌纤维的兴奋性、快肌纤维的百分组成、肌肉力量的大小有关，运动时的能量来源主要由糖的无氧酵解供应。因此，速度素质的提高在营养上需要增加蛋白质、糖、维生素 C、维生素 B 族、磷、镁及铁等营养素的摄入量。一般而言，蔬菜、水果、牛肉和兔肉等碱性食物可以很好地补充速度训练所需的营养，其占一日总食入量的 15%～20%为宜。

3. 耐力练习的营养需求

耐力性运动所需要的能量来源是体内储备的能源物质——糖原，体内糖原储备的多少直接影响人体的运动能力。膳食中糖占总热能供给量的 60%～70%，成人每日每千克体重需 4～6 克糖，运动者需 8～12 克。

4. 灵敏练习的营养需求

参加灵敏性的运动会导致机体的神经系统始终紧绷，在这种情况下，虽然机体消耗的能量总量比较小，但是神经系统消耗的能量却比较多，所以，在机体的营养摄取方面，灵敏练习不需要摄取过多的热量，最为关键的就是对机体的神经系统加大营养的供给。

磷与神经系统的活动有密切关系，磷和脂肪合成磷脂是维持中枢神经系统正常状态所必需的物质。磷的需求量为成人每日 15 克，运动者则需要更多。

不同的练习对营养的要求不尽相同，但是因为人体在运动时物质代谢强烈，所以不管什么样的运动项目，都要多给机体提供维生素 B_1、维生素 C。

总之，合理地安排膳食营养是补充运动消耗、提高运动成绩、维护身体健康的重要措施。对体育锻炼膳食的基本要求是热量合理、酸碱平衡、维生素和矿物质充足、各种营养素比例恰当。

（四）不同运动项目的营养需求

1. 跑步的营养需求

短跑是建立在力量素质之上的，这是一种以无氧代谢供能为主的锻炼方式，它所用的时间并不长且强度较低，最为重要的是，需要相关人员具备较好的爆发力。为确保获得良好的短跑效果，就需要加大对食物中营养物质的摄取，以便能够进一步增加肌肉的体积，有效提高肌肉的质量。在短跑训练周期内，每天蛋白质摄入量需要达到每千克体重 3.0 克。此外，还应提高膳食中磷、糖的水平，给脑组织供给充足的营养，进一步提高神经控制，不断强化神经传递，以便能够调动较多的运动单位加入收缩的行列当中。在此基础上，饮食中要添加更多的钙、镁、铁、维生素 B 等物质的含量，以便更好地提升肌肉收缩的质量。

长跑建立在有氧耐力素质的基础之上，是一种具有有氧代谢供能特征的运动，在开展这项运动的时候，需要具备优良的心肺功能和全身抗疲劳工作能力，总的来说，这项运动虽然并不具备较大的强度，但是需要的时间并不短，且会极大地消耗参与者的体力。因此，要想使学生快速有效地进行长跑训练，必须加强营养供给，确保其摄入的营养成分比较全面，提高机体能源物质贮备量，进一步增强人体的有氧耐力。

2. 球类运动的营养需求

一般而言，球类项目在力量、速度、耐力与灵敏度等方面的要求很高。所以，食物需要富含蛋白质、糖和维生素 B_1、C、E、A 等，球类运动员平时要注意营养供给。相比于其他活动，足球的持续时间会更长，所以相关人员的矿物质和水分都会出现较大的消耗，要及时加以补充。

3. 游泳运动的营养需求

游泳运动是一种在水中进行的运动，所以就会导致机体更快、更多地散热，值得注意的是，上述情况出现的最极端的环境就是冬泳。由于人体在游泳过程当中的热量消耗较大，因此要注意补充能量，可以在膳食当中加入足够的蛋白质、糖以及适量的脂肪。除此之外，还应当格外注意一点，若是老年人游泳，又或者是人们在水温并不高的地方游泳的时候，为了能够更好地抵抗寒冷，就需要进一步增加对脂肪的摄入。此外还需补充一些维生素，主要为维生素 B_1、C、E。

第五章　科学化训练的运动处方与损伤的预防

本章主要介绍科学化训练的运动处方与损伤的预防，主要从四个方面进行了阐述，分别是体育训练处方的概述和发展、运动处方的应用及注意事项、体育训练中损伤的预防、运动伤害的康复调理。

第一节　体育训练处方的概述和发展

运动处方是针对每个体育锻炼者的具体情况制订的一种处方式的体育锻炼计划。运动处方是现代体育科学发展中的新生事物，具有科学性、实用性、针对性强的特点。

一、体育锻炼处方的概念

体育锻炼处方是指根据每个准备从事体育锻炼的个体的身心状况而制订的一种定量化的周期性体育锻炼计划。因为给健康者制定的健身方案很像医生开的处方，所以世界各国普遍把"处方"这个词援引到体育领域。我国通常称体育锻炼处方为运动处方或健身运动处方。

从现阶段运动处方的国际发展情况来看，我们基本可以将"运动处方"定义如下：它是一种为保障体育运动者的健康状况和生理情况，由体育教师、健康指导员或是康复医师等相关体育行业从业者，根据患者的年龄、性别和身体器官情况等，结合当下情况所开具的针对具体运动内容和运动时间、强度等的建议等。当然，它是以处方的形式来开具的，最终开具运动处方的目的自然是科学地进行运动康复和治疗。

经长期的实践表明，运动员或是体育运动爱好者如果按照运动处方来进行科学训练或锻炼，这样有计划性的运动方式更能够帮助他们达到最终的运动目的。大致可以将运动处方的作用概括如下：首先，运动处方是有益人体健康的，这一点可以大致从三个方面来说明：首先，可以改善身体机能和预防疾病的发生，尤其是针对"文明病"可以得到很好的抑制[①]；其次，对于提高身体素质和技能是有指导性意义的，如依据最终运动目的所开具的运动处方可以帮助提升人身体的灵敏性和平衡性，同时对于增强人的肌肉爆发力和耐力都是有帮助的；最后，运动处方具有一定的治疗作用，我们经常会将运动处方当作一种康复治疗的手法，如果长期按照处方执行，自然就会提升运动过程中的安全感，能够减少危险的发生。

二、体育锻炼处方的分类

随着时间的推移和时代的发展进步，国际上分类运动处方的方法也在不断发生变化，一般情况下，按照不同的分类方式，我们也可以将运动处方分为不同的类型。除此之外，在海外还有专门为提升运动员竞技能力所开具的专用运动处方，这些处方的开具目的就是通过提升运动员们的身体素质来提升他们的运动成绩。另外，从运动治疗的角度来看，那些需要操控轮椅、穿戴假肢等的运动训练方式，也可以通过开具运动处方的方式来达到相应的运动目的。

（一）根据运动处方对象分类

1. 康复治疗性运动处方

康复治疗性运动处方经常出现在需要治疗和救护的情况下，这也是一种帮助医疗体育更加细致化的和定量化的有效方案，也使得医疗体育能够更有针对性。举例来说，如果一位患者已经达到了中等肥胖的程度，体重超出正常标准 10 公斤，我们为他开具的治疗性运动处方就是每天爬山 1 小时，这样

---

① 哈尔滨新闻网. 科学健身有处方［EB/OL］.（2005-08-10）［2023-01-13］. https://harbin.dbw.cn/system/2005/08/10/050325509.shtml.

坚持大概 16 周的时间就可以降低到标准的体重范围之内。

开具这类处方的目的就是帮助患者减轻当下的不适症状,消除功能障碍,恢复正常的身体机能,帮助他们从以往不便的生活状态之中解脱出来。一般来说,康复治疗性处方通常是由较为专业的医院康复科和医疗机构中的专业医师开具,或者由社会医院开具。

2. 预防健身性运动处方

毫无疑问,预防健身性运动处方所面对的对象就是健身运动的参加者,而主要的目的就是通过健身来提升身体素质和预防疾病的发生。通过研究发现,随着人类年龄的增长,身体机能就会逐渐退化,这是自然规律,而一些常见的中老年病症也就会出现,如动脉硬化等。为了防止动脉硬化之类病症的发生,往往预防健身性运动处方中就会出现中度耐力跑的健身方案,经常进行此类运动,可以防止人体的胆固醇和脂肪等物质沉积,自然就可以达到最初的运动目的。这类运动处方往往就是科学指导人们健身和锻炼的最佳方案,通过高效的锻炼,可以帮助人们减轻生理和心理上的负担,防止一些常见中老年疾病或早衰情况的发生。这类处方通常是由体育教师或是健身教练等根据不同人群的身体需求进行的针对性健身方案。

(二)根据运动目的分类

第一类,健身运动处方。健身运动处方是指为满足具有不同特征的健康人的运动目的所开具的运动处方,而大部分人的健身就是为了提升自身的身体素质和预防疾病的产生。这种处方主要采用低强度、较长时间的有氧运动来达到提高心肺功能的目的。

第二类,健美运动处方。健美运动处方主要以改善和塑造身体形态为目的。通过健美运动,男子可以塑造健美的形体,女子可以培养出高雅的气质和风度。

第三类,竞技运动处方。竞技运动处方主要面向的对象是专业的竞技运动员,而他们使用运动处方的目的自然就是提升自身的运动能力和水平,以及提高自身的身体素质。

第四类,康复运动处方。康复运动处方主要面向的对象就是那些有外伤或是患有某种疾病的患者，这样的运动处方能够使其锻炼内容更加定量化和更具针对性，从而达到治疗疾病、早日康复的目的。

（三）根据运动处方锻炼作用分类

1. 全身耐力运动处方

全身耐力运动处方开具的主要目的就是提高人体的耐受力和心肺素质。如果长时间按照处方中的方案进行锻炼和训练，自然就可以缩短患者恢复身体所需要的时间，可以使他们更快地投入到正常的工作和学习之中。这类运动处方除了在一些患有急性心梗的患者之中使用，在海外也经常被用于患有心血管系统疾病和代谢疾病的患者，如冠心病和糖尿病患者等，也可以用于这类疾病的防治性治疗。

现阶段，我国倡导"全民健身计划"，提倡大家都进入到健身行列之中，而全身耐力运动处方就是一个很好的运动开展方式，以此为基础来进行科学的锻炼，可以提高锻炼者的耐力素质、维持合理的身体成分、消除亚健康状态。

2. 力量运动处方

力量运动处方主要用于提升锻炼者的肌肉力量。从康复医学的角度来说，要想提升"废用性"萎缩肌肉的力量，运动是一个十分高效的解决办法，它可以使锻炼者的肌肉体积和横断面面积增大，从而起到改善肌肉运动机能的作用。在一些健身运动中，这类处方都是用于指导健身者进行力量锻炼的，以此来增强他们的肌肉力量，这对于降低他们中年时的肌肉萎缩速度也是十分有帮助的，还可以起到预防骨质疏松的效果。

3. 柔韧性运动处方

从功能效用上来说，柔韧性运动处方本身就是用来提升身体的柔韧性素质的。从康复医学领域的角度来说，这种处方就是通过一些主动或被动性的运动来使原本受伤的关节恢复到原来的正常水准，如果康复训练效果较好，甚至还能达到比以往更好的程度。而在健身运动的开展过程中，这类处方主要用于帮助健身者更为迅速地适应运动方法，以此来提升自身身体的柔韧素质，从而预防随着年龄增长所造成的关节僵硬等问题。

（四）根据所锻炼的器官系统分类

（1）心脏体疗锻炼运动处方。这类处方主要用于防止人体心肺功能问题的产生，通常会用在对高血压、糖尿病和冠心病等疾病患者的治疗之中。

（2）运动器官体疗锻炼运动处方。这类处方主要用于治疗因多种原因所造成的运动器官障碍问题，同时还具有畸形矫正的作用。

三、体育锻炼处方的主要内容

在明确开具处方对象的个人情况和运动目的后，我们还要进行相关的功能评定工作，在这之后就可以进行具体的运动处方的制定了。一般来说，运动处方应该大致包含运动目的、项目、运动量和注意事项等内容。

（一）运动目的

所谓运动目的的确定，就是根据不同个体的实际身体情况和运动需求来确定最终的运动目标。从特征表现来说，运动目的包含客观性和主观性这两大特性。从客观表现来说，它主要是个体的身体健康状况等生理方面的原因对于运动产生的需求；而从主观表现来说，它主要与对象的运动欲望、兴趣等有很大关系，这一方面主要是由人的情绪来主导的。通常情况下，我们可以将运动目的概括为以下几方面内容：促进人体生长发育；延缓衰老，防止疾病的产生；增强体质，提升工作和生活质量；丰富休闲娱乐生活，以此来调节自身的情绪和心理状态；掌握体育运动技能和方法。

（二）运动项目

运动处方中所囊括的运动项目要根据对象的实际身体状况和运动需求等因素来决定，但是这些项目通常都具有改善身体代谢功能和心血管状况的作用，如预防老年病等。对于这类运动目的，我们通常会安排一些有氧运动，如游泳、慢跑、骑车等。而对于那些以消除身体疲劳为目的的需求来说，我们通常会建议选择一些运动量不大的运动项目，如太极拳、散步和保健按摩等；针对那些以提升自己的肌肉力量为目的的需求，则建议选择一些力量型的运动项目；而针对那些以改善疾病状况为目的的需求，通常会建议选择相关医疗体操，如慢性支气管炎患者应做专门的呼吸体操等。

（三）运动量

运动量的大小取决于多种因素。以持续运动为主的耐力处方与力量处方、柔韧性处方的运动负荷有所区别。关于运动负荷的大小决定因素，综合起来有以下几个方面。

1. 运动强度

在运动处方之中最核心的部分就是运动强度的选择，这也是反映运动员和锻炼者运动能力的一个重要因素。另外，运动强度主要影响的是人体在运动时的发力情况，还有人体的紧张程度等。其实，运动强度与最终呈现出的运动效果是有很大关系的，也与人体的承受程度密切相关。由此说来，在切实掌握对象的身体生理和心理特点后制定出相关的量化强度指标，这才是运动处方制定的精髓和核心关键所在。

除此之外，运动强度也与运动员或锻炼者能否保证运动过程中的安全有很大关系。适宜的运动强度是保证运动处方能够正常进行的基础和保障。从国际学界对运动强度的研究情况来看，我们通常会使用心率和最大吸氧量等指标来表示运动强度，而最常见的观测运动员或其他人群运动强度的方法就是制作主观运动强度评分表和观察心率，这也是目前最具参考性的一种方式。

首先是主观运动强度评分表。通常来说，这类方法主要用于难以计算心率的患者，或是因为药物作用而导致运动后的心率发生比较大变化的人群。具体的做法是要求运动者在进行体育运动时及时对自身的吃力情况作出评估。

其次是心率。人们在进行有氧运动活动时，人体的耗氧量与心率之间存在某种密切的联系，由此采用心率作为运动的检测指标还是比较可靠的。与此同时，我们在规划对象的运动强度时应该尤其注意以下几点内容。第一，体能水平。往往生活较为静态的人或是体能不佳的人所能承受的运动强度是比较低的。第二，药物。因为药物本身会影响人体的心率变化，因而如果要采用心率检测的方法，就要控制药物的用量和用药时间，以免药物对其心率产生过大影响，导致检测出现较大误差。第三，心血管及肌肉骨节创伤的风险。

往往在接受较高强度的运动时，运动者的受伤风险是比较高的，而低强度运动受伤的风险则会比较低。第四，个人的喜好程度以及运动计划。

2. 运动时间

所谓运动时间，指的就是运动的持续时间，自然也是影响最终运动量的关键因素，而运动量的计算方法就是运动强度乘运动时间，由此可知，运动时间会随着运动强度的变化而随之发生改变。如果人体运动的时间不够，是不能够发挥其应有的效用的；反之，如果人体过长时间处于运动状态，也会因为过于疲累而对身体造成损害。因此，运动时间应该依据运动需求、目的和强度来决定。

通常情况下，耐力性运动每次应持续 20～60 分钟，而在这一时间段内，达到适宜心率的时间应维持在 5 分钟以上。而像健身体操这类需要一定时间训练的运动，必须要合理安排好运动和休息的时间。往往面对相同的运动量，体质弱的人应该选择强度较小的运动项目，但是持续时间应当适当拉长；而对于体质较好的人来说，他们往往可以承受较大强度的运动，但是运动时间不宜过长。

3. 运动进度

每个人体质不同，运动习惯和素养不同，喜好也不同，这些都会影响到他们的运动进度。通常情况下，我们可将运动进度大致分为三个阶段，分别为起始期、改进期和维持期。

4. 运动频率

运动频率指每日及每周锻炼次数。一般每日只需锻炼一次，每周锻炼 3～4 次。保证有足够的休息时间，可使机体得到"超量恢复"，这样才能收到最好的运动效果。一个人的运动效果是很难一蹴而就的，而是要在不断的良性运动过程中获得想要的良性效果，这是一个长期的过程，是一个由量变到质变的过程。因此，应该适当提升运动频率，但还是要注意根据不同的运动项目和运动目的来改变运动周期。既不能凭一时的兴趣"三天打鱼，两天晒网"，也不能急于求成，使运动频率过高。

如果按照多数人的想法，运动的目的就是健身或康复，那么这样的人可以将运动频率保持在一周 3 次以上，应注意结合不同人自身的身体情况来安排合理科学的运动项目和运动强度，同时还要注意到每个人对于不同运动项目的适应情况。只要没有疲劳的蓄积，运动对身心健康都是有益的。

（四）注意事项及微调整

1. 注意事项

第一，在康复性和治疗性的运动处方中应该重点注明不允许运动者参加禁忌类运动项目，易发生危险的运动项目同样禁止参加。

第二，应指出运动中的自我观察指标及现用指标异常时停止运动的标准。

第三，每次锻炼前后都要充分地做好准备活动和整理活动。

第四，要掌握一些生活中常用的卫生保健知识，如运动过后不能立刻坐下、躺下或蹲下，以免引起休克或其他不适感觉；不能立即吃生冷食物；不能马上进行冷水浴；等等。

2. 微调整

不同年龄、不同性别、不同体质的人群身体状况各不相同，所以不可能预先开具好适应不同时间及各种场合下的运动处方。其一，接受运动处方的人应按当时制定的运动处方进行锻炼。其二，在使用运动处方锻炼的过程中，可以根据自己的情况，对处方中不适合的地方加以调整，逐步使处方更适合自身现状。一般情况下，运动处方在最初开具后并不是就固定不变了，还会根据运动者的身体情况变化而不断调整，最终探索到最科学、合理的运动处方方案。

四、体育锻炼处方的发展

（一）运动不足与现代文明病

现在常说的"文明病"其实本身与人类文明的进步和发展是脱离不了联系的，而其中发挥最关键作用的就是社会因素，尤其是那些不健康和不科学的生活，它们导致了现代人这种病症的产生。现代科学技术的进步和改革开放的发展，使得我们的生活环境和劳动条件发生了巨大的变化，其中产业机械化、自动化的高度发展，使生产活动进入了效率化和合理化阶段，劳动时间大大缩短。与此同时，各种家用电器的产生使得人们的生活越来越便捷，人们出门活动身体的机会也就变得更少了。这种情况给人们带来了新的危机——运动不足，导致体质下降。

随着现代化科技水平的不断攀升，人们的生活方式也得到了很大的转变，这样也使得人们发生疾病的频率不断提升，而且在现代人身上还出现了老年病年轻化的趋势，在这样的情况下，大众健身开始引起人们的注意。许多科学家分析，现代人冠心病、糖尿病的发病率增加，除了营养不合理外，运动不足也是一个极为重要的原因。从生物学、医学上找原因，就会发现，运动不足必然导致体力下降，体力下降就会不适应负荷稍大的活动。长期运动不足，还可能诱发或加重肥胖症、心肌梗死等。

此外，缺乏运动也是引起"亚健康"状态的原因之一。运动少，不仅较易出现肥胖，而且可导致机体的各项功能减退、免疫力下降，从而引发多种疾病。所以对"亚健康"患者来说，最重要的是养成良好的生活习惯，劳逸结合，平时注意锻炼身体，适当参加户外体育运动。

因此，体育健身是防治现代文明病、提高体力、改善体质、增进健康的积极有效的方法。运动处方主要是以一种科学、合理的运动方案形式出现，通过长时间坚持锻炼，由此来达到提升国民健康水准、预防慢性疾病发生的目的，在相对较短的时间内我们就可以见到运动成效、获得较好的运动效果。

（二）体育锻炼处方与增强体质

随着社会的发展和物质文明的进步，人们的生活环境日益优化，但生存环境却日益恶化，体质、体能日益退化，对各种疾病（尤其是感染性疾病、传染性疾病和慢性疾病）的免疫力和抵抗力也日益减弱。因此，通过科学的体育锻炼增强体质、体能，增强自身对各种环境变化和疾病的抵抗力，也已成为人类社会发展的必然趋势。

人们都希望自己的体质强健，但是迄今为止，人们对体质内涵和体质增强途径的认识还存在一些误区。有的人认为只要吃灵丹妙药、山珍海味就可以永葆身体健康，不屑于运动锻炼；也有的人认为只要经常活动就可以保持健康，不注意平时的饮食营养和卫生。事实上，唯一正确的保持健康、增强体质的方法就是运动锻炼、合理的饮食营养和生活制度的完美结合，三者缺一不可。

体育锻炼必须讲究科学。但若锻炼强度过大、频度过高、持续时间过长，非但不能增强体质，反而会使身体抵抗能力下降，对各种感染性疾病的易感率升高。因此，体育锻炼开始向科学、安全、有效、个性化方向发展，而运动处方就是一个改变国民运动现状的有效措施和途径。处方制定者根据运动者自身的实际情况来安排合适的运动项目和运动方案，运动者长时间按照运动处方进行训练或运动，不仅可以减轻身体负担，还可以保障运动的安全性，同时也可以获得最佳的运动和健身效果。

47 岁的心理学家卡顿尔·鲁茨（Katon Lutz）一开始喜爱体操运动，但觉得体力不足，后来改用以耐力为主的健身运动处方进行锻炼后，觉得身体强壮多了，在他看来，耐力跑比做仰卧起坐等肌肉运动的锻炼效果好得多。美国健身运动处方创始人库珀指导健身者锻炼身体的典型事例，也明显反映了用运动处方锻炼身体在增进健康、增强体质方面所取得的显著效果。

现代健身运动涉及的范围很广，不仅是锻炼骨骼、肌肉以及心血管系统，还要健脑、明目、聪耳、固齿。在健身运动处方的运用上，东方国家重视并选择太极拳、举重、武术等作为健身锻炼的项目；而西方国家则把长跑、自行车、游泳等作为健身锻炼的项目。虽然对健身运动处方的选择不同，却都反映了人们对身体健康、体质强健的共同追求。

健身运动处方利用科学理论和方法来合理有效地指导健身者增强体质，具有针对性和非随意性的特点。要想通过体育运动来健身，就必须按照有科学根据的健身运动处方来进行，而并不是漫不经心地随意运动。健身运动处方很像医生给病人开的药方，一是针对不同的个案选配不同的运动项目；二是给各个运动项目科学定量，要求选用简便可行、实效性高的运动项目，根据每个健身者的特点确定适合自己的运动量和负荷量。

第二节　运动处方的应用及注意事项

运用健身运动处方从事身体锻炼者的目的和方法因人而异，有的人是为了强壮，有的人是为了娱乐消遣，还有的人是为了减少皮下脂肪。事实上，运动的效果都表现在生理和心理方面。

在运用运动处方之前，运动者也应当首先对自己的身体健康状况进行科学诊断，同时也要对自己的体力和运动承受能力有基本的评估，在此基础之上才能够选择合适自己的运动处方，然后才能在6～10周内获得理想的健身效果。

一、减肥运动处方

当今世界高科技的飞速发展，给人类带来了极大的物质享受，人们的劳动强度大大降低，因此，发胖的人也越来越多。肥胖可造成许多健康问题，如高血压、中风、心肌梗塞、糖尿病等。肥胖主要是因为身体摄取的能量多于消耗量所致，所以要想成功减少体重，必须要控制每天热量的吸收及运动量，减少能量摄取及增加能量消耗。换句话说，最有效的减重及预防体重上升的方法就是开展健康的生活模式，包括饮食均衡、进食适量及进行持之以恒的运动。减肥运动应由低强度运动开始，循序渐进地增加强度。这里所要介绍的就是一种行之有效的减肥健身运动。

我们首先应知道肥胖程度的检查方法。只有通过检查，才能知道自己是否属于肥胖，才能为自己的减肥处方提供科学依据。

首先，通过测量得知被查者的身高（厘米）、体重（公斤），然后代入下列公式计算，再根据标准判断是否肥胖。

$$标准体重（公斤）＝身高（厘米）－105（女性100）$$

$$超体重百分比＝\frac{实际体重（公斤）－标准体重（公斤）}{标准体重（公斤）}$$

肥胖标准：超过体重20%～30%为轻度肥胖；超过30%～50%为中度肥胖；超过50%为重度肥胖。在得知自己的肥胖程度以后，我们就可以来探讨减肥健身的方法了。

在减肥健身过程中，不能仅仅依赖局部肌肉的运动来减少脂肪的重量和防止脂肪的增加，而要使身体在有氧供能的状态下运动，使脂肪在运动中氧化放热，这样才能达到减肥除脂和减轻体重、完善身体的目的。如果要减少1斤脂肪，就必须通过运动消耗7 000千卡的热量。那么，在我们的健身计划中，要全部消耗这1斤的多余脂肪，我们只要每天进行一次30分钟慢跑，每次消耗 300 千卡，连续进行 23 天的健身跑就可消耗 6 900 千卡的热量，就可达到减肥、改善身体组成成分的目的，而且，多余的身体重量也会在减肥健身运动中消失。

在减肥健身跑锻炼中，有时身体的组成部分虽然已经发生变化，但体重却没有减轻，这主要是由于肌纤维增粗，肌肉生理体积增大，肌肉的质量和重量都得到改善的结果。此时，体重虽没有减轻，但实际上身体的组成成分中脂肪比例已经减少了。

综上所述，在健身减肥运动中，不应依靠局部肌肉的运动减肥，而要选择中等强度并能够长时间地在有氧条件下坚持的运动，才能达到消耗脂肪能量、减肥健身之目的。此外，运动减肥时应注意以下几点。

第一，进行体能活动却不减少热量摄取，在初期通常只能令体重缓慢地减少，只靠运动难以令体重在短时间内有显著减少。利用饮食及运动的策略减去体重，比仅仅用饮食控制减去的体重更多，因此应将均衡饮食与定期进行体能活动相结合。

第二，建议最初的 6 个月内，将减重的目标定为体重的 10%，这个减重幅度能显著地减少与肥胖相关的健康风险，增加伴随的健康益处。体重减少后，身体的能量需要也随之减少，因此需要修订饮食及体能活动的目标。

二、健身运动处方

健身运动处方是指导健康人进行运动锻炼的方案，它以提高体能、促进健康、预防运动缺乏病为目的。从目前国外的健身运动处方发展情况来看，它们主要是以强度适中和质量精良为主要特点，同时对运动者的身心方面也进行了兼顾。现在的运动处方不再过分强调运动强度，转而对以往的快节奏运动项目进行了改善，逐渐改为运动节奏较为缓和的运动项目，如瑜伽、慢跑和太极拳等，通常其运动频率为每周 3～4 次，每次达到半个小时以上的运动时间。人们可以通过锻炼舒缓身心，释放精神和身体上的压力，获得身心的愉悦感，从而从生理和心理两方面加强对于生活和工作、学习的适应，通过长时间的锻炼和健身，最终探索出一套适合自身长时间坚持的运动方案，始终坚持终身运动的理念。

三、应用运动处方应注意的问题

（一）疲劳的判定

在根据运动处方进行锻炼时，由于主观和客观的原因，在锻炼进程中很可能因选择处方的运动负荷、锻炼方法、外环境的变化、工作和生活强度较大等产生肌体疲劳。此时，如不给予高度的重视，健身的效果不仅不明显，甚至还会给肌体带来伤害。

疲劳是肌体或某一部分由于长时间工作或反复受到刺激而出现的应答能力或机能的减退。在运动锻炼中一旦产生疲劳，即刻采取科学的对策，疲劳是可以消除的。当发现肌体产生疲劳后，我们可对症下药地消除疲劳。消除疲劳的方法有如下两种。

1. 保证充足的睡眠和休息时间

因为睡眠时副交感神经的活动可达顶点，而副交感神经活动能促使能源物质的合成，即同化作用显优势进行。因此，睡眠对消除疲劳具有最大的效果。

2. 积极性休息

作为积极性休息所选用的锻炼活动，强度要大、时间要短。这样，大脑皮层中神经细胞产生的兴奋才能集中，对疲劳神经细胞方可产生负诱导作用，并使疲劳神经细胞加深抑制，促进恢复。同时，改变肢体活动的部位，变换锻炼的内容和方法也是非常重要的。

但是，无论选用哪种恢复机能的方式，都要给肌体补充消除疲劳的营养物质。因为锻炼时消耗的营养物质只能依靠饮食中的营养物质来补充，所以安排好膳食结构有助于疲劳的消除。总之，只有充分认识疲劳，同时采用合理消除疲劳的方法，健身锻炼才能更加安全，体质才能逐步增强。

（二）健身锻炼中的常识

在实施运动处方锻炼时，首先要对自己所选用的处方内容、运动场所和运动用具等有充分的了解，并且对运动场所和运动用具的安全性做全面的检查，将伤害和事故的发生消灭在萌芽状态。在选择锻炼负荷量时，必须根据自己的身体状况选择适宜的运动负荷量。

无论采用何种健身方式，都应包括准备活动、伸展柔韧性运动、有氧代谢运动和整理活动这四大内容。只有在做好准备活动后进行健身锻炼，最后配以整理活动，健身锻炼才能取得效果。

第一，准备活动的顺序通常是先慢慢地活动手、臂、腿和脚。因为这种活动对心脏的刺激不大。同时，准备活动中要根据气候条件和年龄、身体状况适当地增减衣服，以保证肌体不至于感到寒冷，又不妨碍做动作。

第二，在健身锻炼之后，肌体的工作状态处于一个较高的水平，如果此时停止运动或坐下或躺下休息，会使体温急剧下降，从而导致眩晕、恶心、出冷汗。所以，在健身锻炼后要及时对肌体进行整理活动，使身体代谢的速度缓慢下降，使肌体逐步处于稳定状态。

第三，健身锻炼出汗之后，不能立马去洗澡，应在运动后至少等待 10 分钟再冲澡。

第四，在按照健身运动处方进行健身锻炼过程中，如果遇到下列症状，必须停止锻炼：胸痛伴随运动的进行而加剧；胸内绞痛，呼吸严重困难；恶心、头晕、头痛；肌体感到十分疲劳；四肢肌肉剧痛、两腿无力，行动困难；足、膝、腿等关节疼痛；脉搏显著加快；脸色苍白，出冷汗，嘴唇发紫；跑的姿势或动作不稳，不正常，运动的速度突然缓慢。

第五，从事健身运动锻炼切忌性急。要在轻松愉快的心情下进行健身运动锻炼，健身的效果才会更加明显。

第六，要高度重视健身锻炼后的身体恢复阶段。为了使身体通过锻炼而受益，必须注意锻炼后身体的恢复过程。首先要改善饮食结构，根据健身过程中负荷量的大小和不同年龄对营养物质的需求，有计划地、科学地选配食品，以保证身体营养需求的平衡。其次是对肌体的调节，因为调节肌体的工作和休息状态能够解除疲劳，促进物质吸收和储备能量。另外，如有条件，可在锻炼后采取一些理疗，这些方法也是行之有效的。

（三）冷、热环境下的锻炼

健身锻炼要根据春生、夏长、秋收、冬藏的自然特点进行。将健身运动与自然力锻炼结合起来，健身效果会更好。

1. 热环境下运动

在热环境下运动，收缩压和舒张压都降低，这是因为在高温下，身体末梢血管舒张，皮肤血液量大，安静血压容易形成比较低的状态。

中老年人在热环境下运动要充分考虑气温条件，因为在高温高湿的环境下运动，中老年人呼吸循环系统、体温调节机构等身体负荷比青壮年要显著增大，所以，在环境条件不理想的情况下，对中老年人限制运动量或强度是必要的。

2. 冷环境下运动

此运动目的是适应寒冷环境，在可能的情况下还要抑制颤抖的出现。中老年人深层体温比年轻人低，是由安静时代谢水平低所致，这与运动量和饮食量少有关。

中老年人在寒冷环境中经常发生体质衰弱或死亡现象，所以，在寒冷中运动时要特别注意调整服装，并配戴手套等。

老年人因运动而出汗后，体温会下降，增加了患支气管炎的危险性；另外，老年人身体柔韧性丧失，动作敏捷性差，要充分注意这方面的问题。

3. 对运动环境的选择

在选择运动的环境和场地时，首先要注意的就是人员的安全问题，这是最关键的。因此，要尽量避免到人烟稀少、自己完全不熟悉的地方去运动，除此之外，还应避免到人群过于拥挤的场所，因为运动环境噪声过大对于最终的运动效果也是不利的。另外，运动场地的选择还需要结合当下运动者的心情和情绪，同时也要关注到运动项目适合到什么样的场地去运动，这样对于最终的运动效果才是有利的，这样的运动才是对人体健康有积极意义的运动。如进行骑自行车、远足等运动时，最好选择在自然景色美、树木较多、地面较平坦的地段；跳绳、打羽毛球等运动可选择在地势平坦的空地上进行；游泳要选择到游泳场馆去。

除此之外，在判断一个运动场地和环境是否安全时，还要考虑当时的天气和气候等因素。例如，如果在天气十分炎热的夏天，要避免在紫外线强烈的时间段到户外场地中运动，在这样的环境下长时间运动对于人体来说也是没有好处的，严重时甚至会危及生命安全。而在冬天，早晨的能见度较低，同时极易起雾，而且雾中常具有有害物质，对于人的呼吸道会产生危害作用，因而也要尽量避免在雾中进行户外运动。

第三节　体育训练中损伤的预防

发生运动损伤的原因很多，可分为直接原因和诱因。其中，直接原因就是人们在思想上就对体育运动没有提起重视，因而就很容易忽略运动前的准备环节，同时不注意正确的技术动作规范，错误地采用过大的运动负荷，还有人在心理上存在严重的抵触情绪，运动组织方法不科学，不尊重运动规则，这也是一些人常常在运动过程中犯的错误。而间接原因就是各个运动项目都有各自的技术特点。常见的运动损伤情况主要包括肌肉损伤、韧带拉伤、腱鞘炎和脑震荡等。主动预防损伤比发生损伤后再去治疗更为重要。

毫无疑问，人们参与体育活动的目的本身就是强身健体，即增强自己的体魄，从而促进自身的身心健康。如果在进行体育运动时不注意防范，就非常容易发生身体损伤和事故，较轻者会对日常的工作、学习和生活造成一定影响，严重时甚至可能造成终身无法挽回的后果，如残疾甚至死亡。由此看来，加强民众的运动健康教育至关重要，要倡导运动者在开展正式的运动之前进行热身准备活动，在过程中积极防范可能出现的损伤，做好突发事故处理的紧急预案，这对于日后的体育训练和教学都是相当有帮助的。

一、各类体育运动损伤的预防

（一）田径运动损伤

在学界内，大致将田径运动分为跑、跳、投掷和竞走四大类。其实，在进行田径运动的过程中，受伤是很常见的事情，因为发生损伤原因的不同，自然创伤的性质和程度也会有所差异。与此同时，在其他运动项目中较为罕见的过度紧张状态及重力性休克也会在田径运动中出现，这主要是因为在快速奔跑时突然停止，会导致心脏缺乏血液回流，从而导致心脏和大脑继续缺血，最终引发休克。

1. 短跑运动

（1）常见创伤：一般短跑过程中是不太容易发生创伤的，但也有例外的情况，如足踝腱鞘炎和跟腱纤维撕裂等。在赛跑过程中，如果人体在以很快的奔跑速度时突然急停，就很容易引发踝关节与膝关节扭伤、大脚趾骨折等。有时也会出现因为起跑坑没有填平而发生的损伤。

（2）预防：有目的、按比例发展大腿前后肌群的力量，合理安排足尖跑、后蹬跑、碎步跑，充分做好准备活动，训练后充分放松肌肉；要穿着合适的跑鞋；注意跑道的平整。

2. 中长跑运动

（1）常见创伤：中长跑过程中其实很少会出现外伤，但是过度紧张的状况下还是很容易发生意外的。如果人体的下肢运动强度过大，就容易出现胫腓骨疲劳性骨膜炎或是骨折。另外，在长跑过程中由于肌肉乏力，也很容易出现摔倒的情况，严重时甚至可能会摔倒在跑道的边沿处并随之出现骨折，在跑步时被钉鞋刺伤的情况也是有可能发生的。在进行长距离的马拉松比赛时，就经常会因为运动强度大、时间长而发生阴部及尿道口擦伤，另外，胫前肌腱鞘炎及足趾挤压等这类损伤也很容易出现在马拉松爱好者和运动员的身上。

（2）预防：要穿着合适的运动服装、鞋子；会阴部和大腿根部可涂些凡士林以防皮肤擦伤；选择松软的道路做跑的训练，合理调整运动量，注意跑的动作。

3. 跨栏运动

（1）常见创伤：在跨栏过程中，最容易发生的就是髌骨软骨病、大腿后肌肉拉伤等病症和损伤。

（2）预防：在进行跨栏运动时，应该尤其注意选择科学、合理的训练制度，同时也要注意栏的摆放位置及方向，这些都是非常重要的，否则就会对人的身体造成严重的伤害。另外，跨栏运动员还要加强大腿后群肌肉的伸展性练习，在开始体育训练前做好热身运动，同时做肌肉损伤的应急预案。

4. 跳高、跳远、三级跳和撑竿跳运动

（1）常见创伤：在进行这类运动时，最常见的外伤损害就是踝关节韧带拉伤、半月板损伤、前臂骨折及肩部挫伤等。而这些创伤通常会在以下这些情况中发生：助跑失误；跑道本身存在缺陷，不平或太滑；沙坑硬或有石块；跳高落地失误。在进行撑竿跳时，除发生上述的一些损伤之外，还很容易在跳跃过程中发生跳竿断裂的情况，另外，运动员的错误落地方式也有可能导致头部和脊柱部位的损伤，但这种情况还是极少发生的。

（2）预防：要正确掌握技术动作，训练前要认真检查沙坑、跑道。撑竿跳训练前认真检查竿的质量、跳坑的安全条件，起跳后要注意保护自己。

5. 投掷运动

（1）常见创伤：投掷项目常见的损伤是肩、肘关节的肌肉、韧带，严重者还可以引起肱骨骨折，主要是投掷技术动作不正确引起的。铁饼运动员由于经常在膝关节半蹲位置支撑、扭转用力，容易引起髌骨劳损。推铅球时，由于技术缺点，球从指间向后滑出，容易引起掌指关节扭伤。掷链球最常见的损伤是斜方肌拉伤。

（2）预防：预防方法是注意合理的技术动作，注意掌握运动量。

6. 竞走运动

（1）常见创伤：竞走运动中，因运动负荷安排不当，膝关节长时间地在一定范围内做屈伸活动，就会导致膝外侧的髂胫束不停前后滑动，同时与股骨部位不停发生摩擦，最终就会导致膝外侧滑囊损伤。

（2）预防：合理安排训练，避免单一的训练方法，防止局部负荷过多，这是预防创伤性腱鞘炎的主要措施。同时，在竞走运动开始前，要充分做好热身准备活动，另外，在运动的过程中和完成后，要对极易产生摩擦的身体部位进行热敷和按摩处理，这样有利于此类损伤的预防。

（二）球类运动损伤

1. 篮球运动

（1）常见创伤：在篮球运动中最常见的就是因为抢球而导致的摔倒和身体擦撞等损伤，在跳跃后落下的过程中容易踩到别人的脚踝，或是因为场地环境问题而出现的急性损伤等也经常发生。篮球运动中发生的外伤可能仅仅是轻微的一点擦伤，但严重时也可能会导致骨折或是骨头错位。一般常见的创伤类型就是踝关节韧带的损伤或骨折和指挫伤及腕部舟状骨骨折等。除此之外，篮球运动中的慢性挫伤也是很容易发生的，同时也是最容易影响运动训练的一种损伤，其中髌骨软骨病就非常常见，而这种病症多见于跑动时的急停和滑步进攻与攻守等，所以在进行此类运动时应引起注意。

（2）预防：在进行篮球训练时要避免方法的单一化，全面训练是帮助运动员避免损伤的一种有效方法，同时还要注意场地的平整度和周围环境的影响。另外，运动员在进行体育运动时的状态也是十分关键的，如果他们过度疲劳，就很难在跑动过程中集中注意力，容易造成严重损伤。

2. 足球运动

（1）常见创伤：在众多体育运动项目中，足球是最容易发生损伤的一类项目。在踢足球时如果出现损伤，轻微时可能只是擦伤，但严重时就可能会导致骨折与内脏破裂。除了在其他体育运动中也十分常见的擦伤、挫伤外，作为一种使用脚部最多的项目，足球运动中经常会出现踝关节扭伤的情况，其次是大腿肌肉拉伤和膝关节损伤。但是，在足球运动中，半月板撕裂和髌骨软骨病等这些病症比较少出现在足球运动员或爱好者的身上。

（2）预防：除了从思想上加强教育外，在足球训练时还要始终秉持全面训练的原则，同时也要在运动时装备好各种防护用具，如使用绷带裹住脚踝，这样就可以在很大程度上防止踝关节扭伤，从而减少"足球踝"发生的可能性。虽然一开始踝关节会非常不适应，在运动时也很难施展开，但是长久下来这种处理方式带来的益处是无限的。另外，为了预防肘关节和小腿挫伤的情况发生，使用护膝和护腿等也是很好的预防措施。

3. 排球运动

（1）常见创伤：在排球运动中，因为经常需要跳跃和活动肩关节，所以肩部和脚腕部的损伤是最为常见的。通常情况下，肩部损伤很容易发生在用力挥臂击球的过程中，当肘关节的高度超过肩关节，就会使得韧带被拉长，而肌肉拉伤就很容易在这种情况下发生。

（2）预防：运动员和排球爱好者在进行此类运动时，应尤其注意尽量避免错误动作的长期使用，如发生时应该及时改正。同时，因为这类运动消耗的体力十分巨大，运动者排汗量也很大，因此就尤其需要注意场地地面的状况，尽量避免滑倒情况的发生，这就要求运动者及时穿戴较厚的护膝和护腕。另外，在进行热身运动时，也应当注意对肩部、腰部和腕关节等的活动，一定要充分活动开，这样才能尽量避免不必要损伤的出现。

4. 棒球运动

（1）常见创伤：棒球运动中的创伤大多发生在人体的肩关节部位，很容易出现软组织挫伤和关节病等病症。除此之外，肌腱处和指关节处也是发生棒球运动创伤的"重灾区"。

（2）预防：在每次运动之前必须进行适当的肌肉热身和拉伸活动。棒球的运动服装应该是合身的，并佩戴适当的保护装备，如头盔、手套等；避免劳损，注意训练量和比赛时的不同运动负荷；接球手要求面部戴面具，同时，要求咽喉与胸部之间填充保护物；要求每位运动员穿着适当的护具、护踝夹板等。

5. 乒乓球运动

（1）常见创伤：常见的损伤有肩袖损伤、肱二头肌长头肌腱腱鞘炎、网球肘、肩过度外展综合征（表现为臂丛神经部分麻痹，因肩外展大板扣杀练习过多所致）以及髌骨软骨病。

（2）预防：因人而异地掌握运动量，避免"单打一"的训练方法。

6. 网球运动

（1）常见创伤：因为网球运动中运动员之间的距离比较大，很少产生肢体接触，因而受损伤的概率和程度也就小了很多，远不如我们上述所提到的足球和篮球等运动项目。在网球运动中，最常见的损伤有擦伤、水疱、瘀伤、扭伤、跟腱炎、跟腱断裂、腰疼、网球肘、肩关节疼、肌肉痉挛、肌肉拉伤、踝部韧带拉伤断裂、膝关节疼、半月板损伤等。

（2）预防：在进行网球运动前，一定做好充分的准备热身运动，尤其要注重对于关节力量和技术动作的训练。除此之外，还要注意选择适合的体育用品，如鞋子、网球拍和护膝等。

（三）游泳与跳水运动损伤

游泳和跳水这类运动往往深受人们的喜爱，受众人群也十分广泛。虽说如此，但这类运动还是存在一定危险性的，如果初学者在跳水时不注意技术规范，就很容易出现颈椎损伤，严重时很可能导致死亡。

（1）常见创伤：常见的损伤有游泳肩、背部损伤、头部损伤、颈椎损伤、膝关节损伤、耳损伤、手腕损伤、骨折、皮肤疾病、呼吸科疾病、胃肠道疾病等。

（2）预防：为防止这类不幸事故的发生，教练员一定要在学员最初学习跳水时强调安全教育，对于技术要领等加强训练和指导，禁止运动者在浅水池或是没有安全防范措施的水域之中游泳或跳水。除此之外，在练习跳水和进行游泳运动之前一定要做好充分的准备活动，尤其是四肢、头颈和关节等部位。

（四）水上运动损伤

（1）常见创伤：在众多水上运动项目中，最容易发生的就是溺水事故，尤其在初学阶段是最容易发生的。在跳水过程中，运动者也很容易发生一些比较严重的受伤状况，如头撞在池底或跳板打击等等。除此之外，如果在游泳过程中运动者没有做好自身防范，也很容易出现一些受伤的情况，如外耳炎、眼球病和关节痛等。

（2）预防：对于大部分水上运动员来说，外伤是十分常见的事情，而这些损伤大多数都是因为训练不当导致的，因此在实际的训练过程中我们要尤其注意运动员的训练方式方法。

（五）自行车运动损伤

（1）常见创伤：在自行车运动中，比较常出现的就是急性损伤，其中又以脑震荡、皮肤擦伤和锁骨骨折等最为常见。

（2）预防：主要从以下几方面来说。第一，场地。场地地面环境一定要平整，在行驶路线上应每隔一段距离就设置交通哨管理。第二，车辆。运动器具的原则至关重要，如要选择合适的车座大小、选择蛇形和橡皮把套，车辆不能有严重损伤等。第三，运动员自身。在参加自行车运动时，一定要保证自身的心态平稳，同时也要注意自身防护，如佩戴头盔等。

二、消除疲劳的措施

在感到疲劳时，通常会说自己很"累"，这种感觉是非常容易出现的。通常情况下，当人体的组织器官达到最大的活动限度，就会出现工作能力暂时下降的情况，而这种情况就叫作疲劳，又可以将疲劳大致分为身体疲劳（以身体紧张为主）和精神疲劳（以精神紧张为主）两种形式，无论是哪种疲劳形式，从本质上来说都是人体大脑本身的保护机制。人体内环境的不断变化，激发了大脑的保护性抑制功能，由此说明，当我们感受到疲劳时，也就说明我们的中枢神经系统的工作能力变得不如以前了，但是这种情况是暂时性的。人体感到疲劳的原因多种多样，如人体内环境失调、人体内能源物质损耗过多和血液中代谢物积累过多等。由此看来，疲劳的本质其实就是一种人体对于内外环境变化所作出的一种反馈，是生理性质的防御机制所导致的。从这个角度出发，我们就要认识到疲劳本身就是人体所发出的一种信号，也要认识到这种"疲劳"对我们身体的重要性，要对此实施积极的措施。

因为人体运动而导致的疲劳往往是具有多重性质的，是一种综合性的生理过程。首先，因为人体内环境所产生的变化和生理功能出现的失调，由此导致人体的中枢神经系统作出应激反应（保护性）。我们可以将人体容易产生的疲劳症状大致分为三种：其一，精神方面，人体精神会出现情绪低落、不集中和焦躁等情况；其二，自我感觉方面，人体会出现嗜睡、无力等症状；其三，全身方面，人体会出现脸色苍白、呼吸困难和声音嘶哑等情况。如果机体出现了上述症状，那么就代表我们已经进入了疲劳状态，这时就要采取适当的休息措施，这样才有利于后续工作和学习的开展。

既然我们已经清楚，疲劳是由于精神和身体方面受到一定刺激而产生的，那么我们就需要尽快摆脱这种环境，这才是摆脱疲劳感的上上策。在学界中，有许多专业学者对于消除人体疲劳的方式进行了深入研究，大致可以分为两种，一种是活动性休息，另一种就是静止性休息。这两种方法各有优劣，因此我们最终的方法就是将这两种方法结合使用，这样才能更好地发挥二者的优势。例如，我们选择进行静止性休息时，就要将精神和人体都放松，使内环境处于自然的调整状态，这样就能够起到消解疲劳的作用，也有助于降低人体神经系统的兴奋感，对于体力恢复是十分有帮助的。在绝大多数情况下，我们选择活动性休息时，会采用变换肌肉运动形式的手段，这样也可以在一定程度上消解人的疲劳。

（一）积极性消除疲劳

经专家学者研究表明，适当在人体感到疲劳时做一些放松动作，对于人体恢复是十分有利的，同时也可以达到消除疲劳感的作用，而这也是活动性休息的一种应用方式。

（1）防止神志昏迷、眩晕及恶心：在一定强度的运动过后，我们如果变换运动方式为较为慢节奏的活动，就能够使肌肉的泵血功能保持在一定持续状态之下，保证人体的血液循环不发生剧烈变动，从而防止昏迷、眩晕和恶心的情况发生。

（2）防止过度换气：往往在强度较大的运动停止后，在运动过程中欠下一定氧气量就会出现大喘气的情况。由此，我们在这时就应该选择强度较低、较为放松的运动方式进行转换，使得氧气量的补偿能够逐步到位，以在一定程度上减轻过度换气的情况。

（3）加速血乳酸代谢：人体内乳酸积累也是人体产生疲劳感的一个重要原因。通过一些高强度运动后的舒缓活动，就可以尽量保持收缩肌群内的血流速度不发生过多变化，然后将原来积累在血液中的乳酸带走并转化成其他能量，从而保证人体内环境的酸碱平衡。除此之外，氧债（运动1分钟所需耗氧量与实际供氧量之间的差值）与乳酸积累之间也是有很密切联系的。也就是说，如果乳酸消除频率得到了提高，自然氧债的消除速度也就会得到提升。

（二）简单消除疲劳法

如果在生活或工作中出现了人体上的疲劳感，那么就意味着人体发出了预警信号，这时我们就要及时处理，以保证后续的工作和学习能够正常进行，否则就会对人体造成一些不可逆的伤害。由此，就要时刻注意自己的生活节奏和生活状态，学会一些简单的消除疲劳的办法是十分有必要的。

（1）节假日的生活安排：一般情况下，工作周期就是一周，而在其中穿插几天休息日是十分必要的，这样可以提供空间和环境及时调整自己的状态，为下一周的工作和学习打好基础。因此，当感到身体疲惫时，就一定要利用好休息日的时间，及时调整自己的身体和心理状态，合理安排自己的休息时间，使其变得更有意义。例如，脑力工作者就要选择休息日到户外去进行一些身体活动；而对于体力劳动者来说，他们就要放松自己的身体，去干一些较为轻松愉悦的事情，以放松自己的身心。而学生应该充分利用自己的空余时间，到户外去感受大自然的魅力，去享受自然中的清新空气，缓解平常紧张的精神状态，而老年人就应该与子女和孙辈团聚，享受天伦之乐。

（2）保证睡眠质量：众所周知，睡眠是人们缓解一天内积累的精神和身体疲劳的最有效途径，是人们进行后一天工作和学习的原动力。人们要保证自己的生活节奏是符合大自然的昼夜规律的，也就是到了傍晚就一定要休息，不可昼夜颠倒，只有这样才能保证身体内环境运转稳定，各个器官也能够运作协调。要想维持身体各个生理功能的正常运转，充足的睡眠时间和较高的睡眠质量是一定要保证的，这也可以帮助恢复自己的精力、减轻自己的疲劳。而为了保证我们的睡眠质量，以下七点内容一定要注意。

第一，规律的睡眠：睡眠质量对于机体体力的恢复是十分重要的，因此一定要养成规律的睡眠习惯，定时入睡和定时起床。健康的生活作息是可以有效帮助机体恢复的。

第二，足够的睡眠时间：一般来说，青少年人群需要保证每天 7～9 小时的睡眠，而儿童则需要的时间更长一些，达到了 10 小时或以上。

第三，睡眠不足时需要补足：遇到夜晚睡眠不足的情况，我们就可以选择午睡，一般午睡时间维持在 30～60 分钟就能够有效弥补傍晚的睡眠不足，可以将人体的体力和精力恢复到比较好的状态。

第四，优质的睡眠环境：这就需要从室内温度、床具的舒适度等因素来进行协调，对于睡眠来说这些都是非常重要的影响因素，因此就要十分关注这些并对其进行及时调整。

第五，膳食营养的补充：我们常常感觉到疲累，其中的一个原因就是"饿了"，也就是说身体内之前储存的能量已经被消耗完，这就需要我们及时补充能量。换句话说，除了要保持正常的作息时间外，必要的膳食营养也是需要补充的。但是，还要十分注意营养均衡的问题，不可盲目补充，要遵循一定的科学原则和规律。如果人体摄入过多的食物，就会为身体增加不必要的负担，对于身体恢复也是不利的，这样的状况长期持续下去就很容易造成脂肪的积累。

第六，沐浴：沐浴不单单可以帮助皮肤保持清洁，还能够促进人体的血液循环，加速体内新陈代谢物质的产出。最能够消除疲劳的水温应为 40 ℃，温水浴对于人体疲劳感的缓解是有显著作用的，同时入浴时间应当控制在 20 分钟左右。除此之外，一些爱好保健的人士还对各类保健浴（桑拿、涡流浴等）十分热衷，这些对于缓解人的疲劳感也有所帮助，但是我们应当学习科学的入浴方法，以免在沐浴时发生一些意外情况。

第七，按摩：要想达到缓解人体疲劳和酸痛症状的目的，采取较轻的手法来按摩是能够起到显著效果的。按摩能够消除和缓解疲劳的原理就是：通过对于肌肉的按揉来使得按摩部位的血液循环速度加快，除此之外，运用一些穴位按摩的手法也能够帮助缓解经络堵塞的情况。但是需要注意的是，按摩时间不可过长，一般安排在 30 分钟左右为宜，同时力度也不宜过重。

那么，该如何判断机体是否已经恢复到了正常状态呢？毫无疑问，人体应当被定义为一个有机整体，它是通过内在和外在的各个器官联系和组成起来的。往往我们在结束一定强度的运动后，身体自然会产生疲劳感，而这种感受应当是由多种因素组合影响所导致的，不仅反映出身体的能量已经快消耗殆尽，还会影响人的生理机能和心理层面。而人体的恢复过程就是疲劳形成的逆向过程，由此，我们判断人体目前的状况时也应当是从多角度、全方面来看的。通常情况下，会使用以下几种方法来判断人体的恢复状况。

（1）自我感觉法：往往运动者在机体机能的恢复过程中会感受到肌肉的僵硬和酸疼，这属于正常状况，等这些状况逐渐减轻或消失，也就表明身体状况正在逐渐好转。另外，如果因为运动强度过大或一些其他因素所导致的呼吸急促或头晕等症状也有好转和消失迹象，那么也就可以说明身体正在往正常的方向恢复。或者说，当身体的沉重感完全消失时，或是有继续运动的欲望时，也就表明身体已经恢复到了正常水平。

（2）动作机能的分析法：当人们感受到十分明显的疲倦感时，就会出现肢体动作不协调、无力或是动作准确性下降等情况，人体的稳定程度也会有所降低，而当我们的身体逐渐恢复，这些状况自然就会逐渐消失。

（3）生理机能检查法：当人体处于疲劳状态时，自然机能状况就远不如之前，而当人体开始逐渐恢复时，一些人体生理指标自然也会有好转的迹象，甚至因为有些人的恢复能力较强，出现比以往更好的生理指标状况。在进行相关身体数据的检测时，可以主要观察肌肉力量、呼吸肌耐力等一些数据情况，另外，心电图 ST 段、T 波和视觉内光临界频率阈限值也是很好的参考数据指标。除此之外，我们也可以通过测定人体的心血管机能来观察运动者的身体恢复状况。

第四节　运动伤害的康复调理

一、运动按摩

运动按摩是用专门的手法作用于人体某一部位或穴位，可以提高人体机能、消除疲劳并预防运动损伤。按摩不需要特殊的设备，按摩技巧也容易掌握，非常简单易行，参加体育运动后自我按摩也很实用。

（一）按摩的作用

按摩能改善神经系统的调节机能。低强度、长时间的按摩有镇静作用；高强度、短时间的按摩有兴奋作用。按摩可以减轻心脏负担，促进淋巴循环，可以消除扭伤等引起的肿胀。按摩还能加强局部的血液供给，防止病变肢体的萎缩，这在医院中的中风偏瘫运动员中应用非常广泛。在进行高强度的运动后，也许会感觉肌肉酸痛，此时按摩可以放松肌肉，减轻酸痛。运动前按摩，可以促使皮肤血管扩张，加强血液循环，减少运动损伤的发生。经常按摩还可以提高韧带的柔韧性，提高运动能力。

（二）按摩器具

在运动康复时，经常会使用一些按摩器具，它们不仅可以作为家用缓解疲劳的工具，对于临床治疗也是有一定帮助的，如按摩球、按摩梳和按摩拍等。

（三）按摩介质

其实，在按摩时也经常会使用一些介质来促进按摩效果，它们不仅可以加快身体机能恢复的速度，同时还有保护和润滑皮肤的功能，可谓是一举两得。一般情况下，如下几类介质是我们比较常用的。

（1）水汁剂：如姜汁和中药水煎液等。

（2）酒剂：这类介质主要是通过将药物放置在白酒或75%浓度酒精中一段时间而制成的，椒盐酒和樟脑酒也是我们比较经常使用的介质。

（3）油剂：油剂主要是通过药物提取出来的，我们经常使用的有松节油和麻油等。

（4）散剂：这类介质主要是以粉末的形式存在。通常来说，先将药物晒干，然后经过捣碎、研磨等程序最终成型，如滑石粉等。

（5）膏剂：这类介质主要是通过在药物中添加适量赋形剂（凡士林等）来制成的。膏剂在历朝历代的处方中经常出现，也有十分广泛的应用途径。

（四）按摩手法的要求

手法是按摩实现治病、保健的主要手段，其熟练程度及适当的应用，对治疗和保健效果有直接的影响。因此，要提高效果，就要熟练掌握手法的操作技巧。手法的要点在于持久、有力、均匀、柔和，要有渗透作用。

1. 持久

持久是指操作手法要按规定的技术要求和操作规范持续作用，保持动作和力量的连贯性，并维持一定时间，以使手法的刺激积累而产生良好的作用。

2. 有力

有力是指手法刺激必须具有一定的力度，所谓的"力"不是指单纯的力量，而是一种功力或技巧力，而且这种力也不是固定不变的，而是要根据对象、部位、手法性质以及季节的变化而变化。

3. 均匀

均匀是指手法动作的幅度、速度和力量必须保持一致，平稳且有节奏。

4. 柔和

柔和是指动作要稳、柔、灵活，用力要缓和，力度要适宜，使手法轻而不浮、重而不滞。

（五）常用运动按摩手法

1. 推摩

（1）拇指平推法：用大拇指螺纹面或偏峰沿着淋巴流动的方向向前推。适用于头面部及胸腹部。这一方法可以疏通经络、理筋活血、消瘀散结、缓解软组织痉挛。

（2）手掌平推法：四指并拢，拇指分开，全手接触皮肤沿着淋巴流动的方向向前轻轻推摩。或者用手掌着力，以掌根部为重点，虎口稍抬起，否则会引起疼痛。前一方法可以舒适皮肤、镇静神经系统，一般在按摩开始或结束时使用，后一方法能促进静脉及淋巴回流，提高皮肤温度，消除水肿，一般在按摩中间使用。

2. 擦摩

用拇指或四指指腹、大鱼际、小鱼际、手掌、掌根紧贴在皮肤上，做来回直线形的摩动。注意手法要轻柔，由轻至重，再由重至轻，力量均匀，速度可快可慢。这种方法可以用于全身大小各部位，使局部皮肤温度升高，促进血液循环，消除皮下瘀血，有助于消肿及止痛。

（1）拇指指腹和大鱼际擦摩法：多用于四肢或关节部位。例如，擦摩关节时，可以先用两手将膝部或腋窝托住，然后再用拇指指腹和大鱼际进行擦摩。

（2）指腹擦摩法：多用于胸肋部、小关节及肌腱部位。例如，在擦摩跟腱时，拇指和四指相对成钳形，钳住被摩擦部位，以拇指为支点，其他四指进行擦摩；或以四指为支点，用拇指进行擦摩。

3. 揉

用拇指或四指指腹、掌、掌根、大鱼际、小鱼际紧贴在皮肤上，做圆形或螺旋形的揉动。移动时手指或手掌不离开接触的皮肤，使该处的皮下组织随手指或掌的揉动而滑动。此法可用于关节、肌腱和腰部。能促进血液循环，加速组织新陈代谢，松解深部组织，使瘢痕组织软化，也可以缓和其他强手法带来的刺激和疼痛。

4. 揉捏

四指并拢，拇指分开，手成钳形，将掌心及各指紧贴在皮肤上，拇指与四指相对用力将肌肉略往上提，沿向心方向做旋转式移动。在前进过程中，掌指不要离开按摩的皮肤，手指不弯曲，用力均匀，避免仅指尖用力。根据需要，也可以双手进行。用双手揉捏时，两手并拢，向同一方向进行。拇指圆形揉的动作很明显，其余四指捏的动作明显，揉与捏是同时进行的，力量要达到肌肉组织。这种方法是按摩肌肉的主要手法，经常用于小腿、大腿、背部、臀部等肌肉肥厚的部位。可以促进肌肉的新陈代谢，防止肌肉萎缩。

5. 搓

用双手掌夹住被搓的肢体两侧，相对用力，方向相反，上下来回搓动肌肉。动作要轻快协调，双手力量要均匀、连贯，频率要由慢至快，再由快至慢结束。它适用于四肢及肩膝关节，一般在每次按摩的后阶段使用。此法可以使皮肤、肌肉、筋膜松弛，血液流畅，促进组织新陈代谢，消除肌肉酸胀与疲劳，提高肌肉的运动能力。

6. 按压

用拇指、一手或双手的手掌和掌根按压被按摩的部位，停留约 30 秒。用力由轻到重，然后由重到轻。双手按压时双手要并列，或掌叠，或相对。适用于腰背部、肩部以及四肢肌肉僵硬发紧时，也可以用于腕关节。此法可以放松肌肉，消除疲劳，对关节也有整形作用。

7. 叩打

叩打又可以分为叩击、轻拍、切击三种手法。叩打多用于大块肌肉及肌肉肥厚的部位，如大腿、腰部、臀部等。可以畅通血液循环，加强肌肉营养，消除疲劳并调节神经功能。

（1）叩击时，两手握拳，用小鱼际交替叩打，手指与手腕尽量放松。

（2）轻拍时，两手半握拳，或两手手指伸直张开，掌心向下进行拍打，指腕放松。

（3）切击时，两手手指伸直张开，用手的小鱼际侧进行切击。

（六）运动前按摩

运动生理学的研究证明，运动者在训练或比赛之前，某些器官就已发生了变化，如心率加快、收缩压升高、肺气量加大、呼吸频率加快、耗氧量增加、血糖上升、血乳酸增加等，这种状态在运动生理学上称为赛前状态。一般的比赛规模越大，离比赛时间越近，赛前状态的反应就越明显。

当运动者处于不良的赛前状态时，就会影响体能及技术的正常发挥，尤其是赛前过度兴奋，会导致赛前焦虑，从而影响运动成绩。运动前按摩不仅可以调节机体各系统器官，还能调节神经、精神状态，以适应运动实践所要求的生理和心理上的负担，还能代替需要消耗部分能量的活动，保持充沛的体力，发挥最大的运动能力。

运动前按摩应注意及时调整运动前个体出现的精神情绪偏差，其大致有两种表现：其一，精神不振、情绪抑郁，称为赛前冷淡状态，常伴有四肢乏力、动作别扭、表情冷淡、脉搏缓慢等；其二，过度兴奋、过分紧张，称为"赛前亢奋状态"，常伴有坐立不安、夜寐不宁、呼吸急促、情绪激动，甚至多尿，影响动作协调等。针对第一种表现，按摩手法宜刚强重着，灵活快速，节律紧凑；针对第二种表现，按摩手法宜轻巧柔和，节律缓慢，时间长短适中。运动前按摩每次按摩 10～30 分钟，一般要求在运动前 15 分钟完成。

1. 赛前振奋法

（1）推抹面额，捏拿头部：运动员取坐位；用两手以食、中、无名指相并扶持其两侧额部，以拇指相继交替推抹前额，分推其颌面四线；一手扶持其前额，另一手五指微屈捏拿其头部，从前发际至头顶及后枕部，紧拿慢移 3～5 遍；两手微屈，以五指端叩击头部，从前发际到头顶、颞部、后枕部，紧叩慢移 3～5 遍。

（2）扫散头颞，按振头顶：运动员取坐位；一手扶持一侧颞部，另一手拇指伸直，其余四指并拢微屈，以拇指侧端和其余四指指端单向扫散其另一侧颞部，从头维、率谷至翳风，节奏明快，左右交替，两侧各 20～30 次；用拇指指腹按振百会穴 5～10 次；以虚掌拍击百会穴 2～3 次。

（3）拿风池，推桥弓，拿肩井，按膏肓：运动员取坐位；先以拇、食指相对拿两侧风池 3～5 次，继以推抹两侧桥弓、风池、翳风至缺盆；用两手拇指和食、中指相对揉捏，提拿其两侧肩井，柔和快速，捏 3 提 1，左右交替各 3 次。

（4）按委中，点环跳、太冲：运动员取侧卧位和仰卧位；用食指的指间关节突起部或肘端着力，点按其环跳，刚中见柔，左右同法，各 2～3 次；用拇指和食、中指相对点按委中、太冲，左右同法，各 3～5 次。

2. 赛前安神法

（1）推抹面额，捏拿头部：同"赛前振奋法"。

（2）扫散头颞，按振头顶：同"赛前振奋法"。

（3）揉太阳，振攒竹：运动员取坐位或仰卧位；两手张开扶持其头部两侧，以拇指指腹揉按其两侧太阳，用力轻揉和缓，各 10～20 次；两手拇、食指端按其两侧攒竹，做有节奏的持续震颤 2～3 分钟。

（4）拿风池、推桥弓、拿肩井、按膏肓：同"赛前振奋法"。

（5）横推胸廓，揉摩脘腹：运动员取仰卧位；用手掌面或虎口部横向推擦其胸胁部，从锁骨、胸骨至胁肋，紧推慢移 3～5 分钟；用平掌着力揉摩其脘腹部，顺时针方向，周而复始，升摩轻柔，降摩稳实，操作 2～3 分钟。

（6）推滚腰背，搓摩胸胁：运动员取俯卧位；用手掌面或虎口部、掌根部推、揉其腰背部，从大椎至长强，各 2～3 遍；用滚法施于腰背脊柱及其两侧，从大椎至八髎，紧滚慢移 3～5 分钟；用两手指掌面相对搓摩其胸胁两侧，从腋下至胁肋，紧搓慢移 3～5 遍。

（7）按揉神门、手三里、太冲：运动员取坐位或仰卧位；用拇指和食、中指相对揉按神门、内关、手三里、阴陵泉、三阴交、太冲各 5～10 次，左右同法。

（七）运动间歇按摩

1. 揉太阳，捏五经，拿风池

运动员取坐位。一手以拇指和食、中指相对揉按其两侧太阳穴，另一手五指微屈，以五指指腹着力捏拿其头部五经（即督脉和两旁足太阳，足少阳经在头部循行的节段），从前发际至后枕部，左右同法，紧拿慢移 0.5～1 分钟。一手扶持其前额，另一手以拇指和食、中指相对着力按拿其两侧风池，先下后上，由轻渐重，操作 2～3 次。

2. 抹前额、振眉头、啄头顶

运动员取坐位。两手张开，以食、中、无名指扶持其头颞部，拇指指腹着力相继交替推抹其前额，从攒竹至丝竹空穴 10～15 次。一手扶持其后枕部，一手用拇指和食指相对按其两侧眉头攒竹穴，并做节律持续震颤 0.5～1 分钟。两手五指微屈，用指端啄击头顶 30 秒。

3. 搓肩臂，抖上肢，拔伸五指

运动员取坐位。用两手掌面相对搓摩上肢肩、肘至腕段 3～5 遍，紧搓慢移，左右交替。用两手握持其腕掌部，做小幅度的上下持续颤抖 0.5～1 分钟，左右交替。用屈曲的食、中指指间夹紧，拔伸手五指各 1 次，左右交替。

4. 屈髋膝，拔踝关节，搓下肢

运动员取仰卧位。用两手握持其小腿部，作髋、膝关节屈伸活动，并做较小幅度的过伸扳动各 3～5 次，柔缓蓄劲，左右交替。用两手握持其足跟和足部，同时用力做环转旋摇和屈伸扳动各 3～5 次，稳实蓄劲，左右交替。用两手掌面相对搓摩其下肢内外两侧，自上而下，各 2～3 遍，紧搓慢移，左右交替。

（八）运动后按摩

运动后按摩又称恢复按摩。运动是人体内物质大量分解、能量大量消耗的过程。在激烈紧张的训练、竞赛和表演后，通常会出现过度疲劳和过度兴奋状况。其一，大量耗力，过度劳累，主要表现在全身和局部肌肉酸痛、韧带痉挛等。其二，大量耗神，过度兴奋，主要表现在心神不宁、精神紧张、失眠、头痛、纳呆等。

运动后按摩要注意全身系统按摩和主要运动部位局部按摩的密切结合，根据不同的运动，着重于负荷较大器官的部位。于对极度疲乏的运动机体，可以施行全身系统性的恢复按摩，有利于机体全面消除疲劳和紧张状态，迅速恢复运动能力。手法强度和用量的掌握、手法操作规程的选择，均应个别对待，即根据其所表现的疲劳程度和紧张状况酌定。通常以轻柔缓和手法为宜，一般在晚上睡觉前 2 小时内进行，每次时间约 0.5～1 小时。

（1）推抹面额，捏拿头部：同"赛前振奋法"。

（2）扫散头颞，按振头顶：同"赛前振奋法"。

（3）分推背腰，搓摩胸胁：运动员取俯卧位；用两手掌分推背腰部大椎至长强段各 2～3 次。用两手掌搓摩胸胁两侧腋下至胁肋段 2～3 遍。

（4）按揉足三里，击擦涌泉：运动员取仰卧位；用拇指和食、中指相对按揉足三里 5～10 次，左右交替。用一手握持其足部。另一手虚拳叩击足底涌泉 3～5 次，左右交替；用一手握其足部，另一手用大鱼际侧推其足底涌泉 2～3 分钟，左右交替。

（5）拍叩下肢：运动员取仰卧位；用虚掌、空拳拍叩下肢大腿前、外侧和小腿外侧 2～3 分钟。

（九）按摩异常情况的处理

1. 治疗部位皮肤疼痛

经按摩手法治疗，局部皮肤可能出现疼痛等不适的感觉，夜间尤甚，常见于初次接受按摩治疗者。主要原因在于施术者手法不熟练，或者局部施术时间过长，或者手法刺激过重。一般不需要做特别处理，1～2 天内即可自行消失。若疼痛较为剧烈，可在局部热敷。对初次接受按摩治疗者应选用轻柔的手法，同时手法的刺激不宜过强，局部施术的时间亦不宜过长。

2. 皮下出血

在接受手法治疗后，治疗部位皮下出血，局部呈青紫色，出现紫癜及瘀斑。一般由手法刺激过强或运动员血小板减少等所致。微量的皮下出血或局部小块青紫时，一般不必处理，可以自行消退；若局部青紫肿痛较甚，应先行冷敷，待出血停止后，再热敷或轻揉局部以促使局部瘀血消散吸收。

3. 骨折

手法不当或过于粗暴可引起骨折，按摩时运动员突然出现按摩部位剧烈疼痛，不能活动。因此，按摩手法不宜过重，活动范围应由小到大，不要超过正常生理限度，并注意运动员的耐受情况，以免引起骨折。

二、伤后康复训练

首先，尽量保持全身和未伤部位的训练，例如，一侧肢体受伤时锻炼对侧肢体，上肢受伤时锻炼下肢，立位练习受限制时可进行坐位或卧位练习等，避免伤后各器官系统功能状态和健康状况下降。但应注意负担量要适当，不可单纯以加大未伤部位的训练量来代替已伤部位的负荷。

其次，对已伤部位要合理安排锻炼内容和负荷量，做到循序渐进、个别对待和分期进行。在急性损伤的早期，伤区可暂不活动，以免肿胀和疼痛加重；急性症状减轻后，在不引起疼痛或疼痛明显加重的情况下，应及早开始活动，进行功能锻炼。

一般地，急性闭合性软组织损伤在受伤 24～48 小时后可开始功能锻炼，轻伤无明显肿胀者可提早些；损伤较重、肿胀显著者可稍晚些。基本痊愈后，才能参加正常训练。对慢性损伤和劳损，在安排伤后训练时必须先了解损伤的性质、程度和受伤机制，以及局部组织的解剖生理特点，然后再决定康复训练的形式、内容和局部负担量，从对伤情影响较轻的动作开始，逐步过渡到专项训练，要注意循序渐进和个别对待。负荷量的大小以练习后无明显疼痛，次日原有症状未见加重为宜，一般 5～6 天后若无不良反应，才可考虑适当增加负荷量。

再次，功能锻炼主要是加强伤部肌肉力量和关节功能的练习，促进肌肉和关节功能的恢复。恢复性训练的第一步是开始一系列的关节可动范围及柔软性的改善练习。其中最为简单、有效的一种方法是静止状态的伸展练习，即关节和肌肉在一定的时间内慢慢地做伸展运动。肌肉力量被分为静力和动力两种。强化肌肉力量的方法主要有 3 种：静力训练法、动力训练法、动静力综合训练法。

静力训练法的练习是在关节和四肢不动的前提下，通过肌肉的收缩活动使肌肉力量得到强化。简单地说，就是肌肉发挥的力量比所受的抵抗力量要小或者相等。在恢复性训练的早期阶段使用静力训练法会有非常明显的效果。

动力训练练习法是指通过一定的抵抗和负荷使肌肉的长度缩短，在关节可活动范围内使肌肉力量得到加强。

动静力综合训练法从方法上来说就是动力训练法同可变性抵抗训练法的组合。同其他动力学的练习方法不同的是，抵抗能够得到最大限度的调整，这种训练是通过控制其实施速度来完成的。同动力训练法和可变性训练法相比较，动静力综合训练法的优点是练习的速度。徒手抵抗在恢复阶段对肌肉力量的强化有着非常显著的效果。这种方法不需要任何的器械，而且对于特定肌肉的力量强化也最有效果。其训练法同动力训练法相类似。

肌肉损伤前后形态是否大致相同，也是是否能够进行康复训练的指示方法，如果肌肉的粗细没有变化，那么就可进入到肌肉耐力的训练中。肌肉耐力的强化方法与以动力训练法的高负荷、少反复来提高肌肉绝对力量的方法正好相反，即减轻负荷量并增加反复次数。

速度是指肌肉的收缩速度。受伤、变弱、变细的肌肉都不可能很快地进行收缩，如果要获得同受伤前一样的肌肉力量，必须进行提高速度的练习，待患部周围的肌肉力量、肌肉耐力、肌肉速度恢复的时候，各个项目竞技所必需的动作练习也应随之展开，即技术训练的开始。全身耐力即体力上最后一个阶段，是从第一阶段柔软性的获得开始就已经进行了。可以看出恢复性训练可以重新创造运动员的身体。

　　最后，要加强伤后康复训练的医务监督，每次训练都要做好准备活动，伤部要使用保护支持带，训练前、后进行按摩，密切观察伤部反应，及时调整负荷量和练习内容。

参考文献

[1] 刘鑫. 体育教育教学发展改革历程研究［M］. 南京：南京大学出版社，2019.

[2] 孙越鹏，宋丽丹. 高校体育教学理论及改革创新研究［M］. 北京：新华出版社，2018.

[3] 张潇潇，蒋旭军，李军. 体育教学理论与实践解读［M］. 北京：新华出版社，2018.

[4] 沈建敏. 体育教学创新与运动训练研究［M］. 北京：新华出版社，2018.

[5] 马鹏涛. 高校体育教学改革创新与科学化训练研究［M］. 北京：新华出版社，2018.

[6] 钟天朗，徐琳. 体育经济学教学案例［M］. 上海：复旦大学出版社，2014.

[7] 岳新坡. 体育运动技术链的理论与实践研究［M］. 北京：北京体育大学出版社，2012.

[8] 邵伟德. 体育课堂有效教学与例解［M］. 北京：北京体育大学出版社，2011.

[9] 董文梅，毛振明. 体育学理之探究［M］. 北京：北京体育大学出版社，2010.

[10] 胡永红. 有效体育教学的理论与实证研究［M］. 北京：北京体育大学出版社，2010.

[11] 邢炜，张瑛秋. 高校体育教学改革的价值意蕴、目标导向与实践路径［J］. 教育理论与实践，2023，43（06）：58-61.

[12] 张国浩，谢玮. 基于体教融合视域下高校体育教学改革路径研究［J］. 湖北开放职业学院学报，2023，36（02）：167-169.

[13] 陈怀蒙，于鹏. 后疫情时代高校体育教学改革的实践与探索：以自编操《一起向未来》为例 [J]. 青少年体育，2022（12）：112-114.

[14] 陈子骁. "传统"与"革新"：高校体育教学改革的理性回归 [J]. 江苏科技大学学报（社会科学版），2022，22（04）：105-108.

[15] 周灵. 新媒体信息时代下新型高校体育教学改革方法探索 [J]. 产业与科技论坛，2022，21（22）：134-135.

[16] 曹峰，向茂娟，李伟平，等. 教育信息化背景下的高校体育教学改革 [J]. 当代体育科技，2022，12（31）：56-61.

[17] 林景兰，涂文明. 高校体育教学改革如何适应阳光体育运动的需求 [J]. 佳木斯职业学院学报，2022，38（10）：124-126.

[18] 赵迎辉，郑小焕. 终身体育视角下的高校体育教学改革 [J]. 当代体育科技，2022，12（24）：48-50.

[19] 王红梅. 基于健康中国理念的转型发展高校体育教学改革 [J]. 中国冶金教育，2022（04）：30-34.

[20] 韩英超. 人性化视域下高校体育教学改革的现状 [J]. 通化师范学院学报，2022，43（08）：130-134.

[21] 王雪. 基于共享理念的高校综合体育馆设计研究 [D]. 西安：西安建筑科技大学，2021.

[22] 李豆豆. 正念训练对高校体育舞蹈学生技能学习的干预研究 [D]. 哈尔滨：哈尔滨体育学院，2021.

[23] 孔万龙. 功能性体能训练对高校体育专业篮球专项学生灵敏素质的影响研究 [D]. 南京：南京师范大学，2021.

[24] 董方. 核心力量训练对高校体育教育专业篮球专修学生运动能力的影响研究 [D]. 烟台：鲁东大学，2020.

[25] 郝晗龙. 循环训练法在高校体育教育专业羽毛球教学中的应用研究 [D]. 大连：辽宁师范大学，2020.

[26] 曾令莹. 功能性训练对高校体育专业网球专项学生正反手技术影响的实验研究 [D]. 福州：福建师范大学，2020.

[27] 王宏磊. 拓展训练在大连市高校体育中的推广路径研究 [D]. 大连：辽宁师范大学，2019.

［28］阮盼盼. 高校体育教育专业学生课余体育训练现状的调查与研究［D］. 北京：首都体育学院，2015.

［29］王树宏. 我国高校体育教育专业现行招生考试制度研究［D］. 太原：山西大学，2010.

［30］白海鹏. 西安高校开展跨校课余体育训练的初步设想［D］. 西安：西安体育学院，2009.